실전 차트 패턴 63

최적의 매매 타이밍을 찾는 법

실전 차트 패턴 63

How Charts Can Help You in the Stock Market

윌리엄 자일러 지음 | 김태훈 옮김

이레미디어

월스트리트 사람들은 주식시장의 방향을 예측하기 위해
조수(潮水)의 높이부터 태양흑점의 발생 빈도까지 모든 요인과의
연관성을 찾으려 시도했다. 그러나 가장 실용적인 도구는 시장 전체의
동향뿐 아니라 개별 주식의 주가 변동을 보여주는 차트다.
차트 분석가들은 월스트리트의 실력자들이다.
그들이 보여주는 차트의 내용에 따라 기관과 뮤추얼펀드 그리고 수천 명의
개인투자자들이 주식을 사고판다.

<타임>

감사의 글

이 책은 오랜 시간 많은 사람이 들인 노고의 결실이다. 차트에 대한 아이디어를 얻고 차트를 작성하기 위해서는 세심한 조사가 필요했다. 나는 수백 가지 패턴을 연구한 후 최종적으로 소수의 차트만 이 책에 소개했다. 이 어려운 주제를 단순화하고 명확하게 설명하기 위해 수많은 차트 분석 기법에 대한 자료들을 다듬고 응축하고 여과하는 과정을 거쳤다.

나는 25년 넘게 전문 투자자문이자 차트 분석가로 활동했으며, 오랜 시간 지치지 않고 조사와 저술에 매진한 찰스 해튼(Charles Hatten)에게 특히 많은 도움을 받았다. 그는 '스윙 패턴'에 대한 챕터의 초고와 다른 여러 챕터의 일부를 썼다. 또한 유명한 금융 저술가인 존 헤스(John Hess)는 편집 측면에서 상당한 도움을 주었다.

헨츠(Hentz & Co.)의 스티븐 그린버그(Stephen Greenberg), 헤이든, 스톤(Hayden, Stone & Co.)의 원자재 리서치 디렉터인 리처드 돈키언(Richard D. Donchian), 톰슨&맥키넌(Thomson & McKinnon) 원자재 부서의 프레드 바튼(Fred Barton), 배치(Bache & Co.)의 에드워드 언더우드(Edward Underwood), CRB(Commodity Research Bureau) 대표인 해리 자일러(Harry Jiler), 투자자문인 조셉 카프(Joseph R. Karp), 멜러&컴퍼니(Meller & Company)의 고(故)레스터 와이츠너(Lester Wyetzner) 같은 뛰어난 시장 전문가들이 조사와 편집에 도움을 준 것에도 큰 감사를 표한다.

기술적 주식시장 분석에 대한 두 권의 유명한 책을 쓴 조셉 그랜빌(Joseph Granville)과 헤이든 스톤의 선임 부사장인 케네스 워드(Kenneth Ward)의 도움과 격려에 깊이 감사드린다.

또한 이 책을 만드는 데 크게 기여한 조셉 케셀만(Joseph Kesselman)과 그래픽 작업을 해준 트렌드라인(Trendline)의 차트 담당에게도 감사드린다.

- 윌리엄 자일러

들어가는 글

시장에 돈을 투자하고 있다면 잃을 위험이 있다. 이 고전적인 책은 금융시장 투자에 내재된 위험을 줄이고 싶은 모든 사람을 위해 쓰였다.

기본적 분석은 주식시장에서 성공하기 위한 공식의 일부일 뿐이다. 재무상태표가 세상에서 가장 깔끔하고, 매출이나 순이익이 해마다 또는 분기마다 꾸준하게 증가한다고 해도 다른 사람들이 많은 돈을 지불하여 그 회사의 주식을 살 생각이 없다면 아무 의미가 없다. 엔론의 차트가 붕괴된 것은 금융 사기의 규모가 완전히 드러나기 훨씬 전의 일이다.

당신이 투자한 기업의 주가 차트에서 무엇을 살펴야 하는지 알고 있는가? 주가 패턴과 거래량에 대한 지식이 없는 시장 참가자는 수익을 올리는 것보다 훨씬 높은 위험에 노출되어 있다.

'매수 후 보유' 전략은 강세장에서는 잘 통한다. 그러나 주식과 주식시장의 강세는 영원히 지속되지 않는다. '장기 투자자' 또는 '매수 후 보유자'라는 주장은 차트가 시장에 얼마나 도움이 되는지를 모르는 것에 대한 핑계밖에 되지 않는다. 차트는 단기 투자자만을 위한 것이 아니다. 장기 투자자도 이 책에서 예시로 든 패턴을 파악함으로써 이득을 얻을 수 있다. 차트의 막대가 나타내는 기간을 늘리기만 하면 장기적인 투자 시간 지평(시간 지평선)도 쉽게 수용할 수 있다. 즉 일간 바(막대) 차트를 주간 또는 월간 바 차트로 대체하면 된다. 인터넷에는 주식 차트에 접근할 수 있는 무료 사이트로 가득하다. 하지만 무엇을 살펴야 할지 모른다면 무료 사이트가 무슨 소용일까?

차트는 시장의 사고방식에 대한 고유한 통찰을 제공한다. 대개 천장에서 해당 기업의 펀더멘털은 아주 좋아 보인다. 그렇다면 주가와 거래량에 내재된 어떤 단서들이 기관들이 줄지어 출구로 향하고 있음을 말해줄까? 이 책은 당신이 눈밭에 찍힌 발자국을 보고 '매수 후 영원히 보유'라는 실수를 할 확률을 줄이는 데 도움을 주는 검증된 관찰 내용들을 제공한다.

주가 및 거래량 변동에 대한 기술적 분석은 시장에서 돈을 위험에 노출시킬 때 반드시 필요한 도구다. 1962년에 처음 저작권이 등록된 윌리엄 자일러가 쓴 《실전 차트 패턴 63》은 시간의 시험을 견뎌냈다.

자일러는 누구의 시간도 낭비하지 않는다. 그는 중요한 주가 패턴을 파악하고 요점을 설명한다. 그는 차트에 표정을 부여한다. 그가 제시하는 주가 패턴 및 거래량에 대한 간결하고 직접적인 설명은 시장의 심리를 이해하는 데 도움을 준다.

이 책은 오랫동안 나의 주식 관련 목록에 포함되어 있었다. 이제 당신의 목록에도 이 책이 영원히 포함되기를 바란다.

-폴 체니(Paul Cherney)

스탠더드앤드푸어스

수석 시장 애널리스트

2003년 10월

차례

1장

투자자를 위한 도구

어떤 주식은 주당 50달러, 어떤 주식은 주당 100달러에 팔리는 이유는 무엇일까? 시장이 어떤 때는 1주에 50달러, 어떤 때는 1주에 100달러를 지불하게 만드는 이유는 무엇일까?

그 이유에는 해당 기업의 매출, 배당, 순자산, 미래 사업 전망, 전체 경기 전망, 주식시장의 전반적인 동향 등 수많은 요인이 있다.

부지런한 투자자가 이 모든 요인을 파악하고 적절하게 균형을 이룰 수 있다면 주가를 예측할 수 있어야 한다. 또는 그렇게 할 수 있는 것처럼 보인다. 그러나 그가 IBM의 매출이 지난 10년 동안 상승할 것임을 매우 정확하게 알았다고 해도 그 주식이 1940년대 후반에 낮게는 연간 이익의 12배, 1950년대 후반에는 매출의 60배에 팔릴 것임을 예상할 수 있을까?

분명히 1950년대에 '투자자들의 자신감'은 급격히 상승했다. 그리고 명백하게 시장 심리, 즉 모든 잠재적 매수자와 매도자가 지닌 태도의 합은 주가를 결정하는 핵심적인 요소다. 시장이 '아니면' 종목이 '맞아도' 소용없다. 호재가 나온 후 주가가 하락하고, 전망이 어두울 때 주가가 상승한 적이 얼마나 많았는가! 다시 말해서 "주식은 투자자들이 지불할 의사가 있는 만큼의 가치만 지닌다".

따라서 주식의 동향을 예측하기 위해서는 모든 확고한 경제적 팩트를 파악하는 것과 함께 대중의 심리에 대한 정확한 통찰을 갖는 것이 이상적이다. 이 점은 "내게 햄이 있으면 햄 앤드 에그를 해 먹을 텐데. 달걀도 있다면 말이지"라는 서글픈 옛 농담을 떠올리게 한다. 사실 누구도 주가에 영향을 미치는 모든 요인을 알 수 없다. 그 대단하다는 '내부자'라고 해도 말이다. 물론 매출이나 배당, 주식 분할, 합병, 유전 발견 또는 신제품에 대한 정보를 미리 알면 엄청나게 유리하다. 그러나 이 정보를 통해 이익을 보려면 내부자(그리고 그의 자매, 사촌, 고모)는 주식을 사야 한다. 그렇게 함으로써 그는 그 주식의 수요를 늘린다. 마찬가지로 그가 매도하려고 하면 공급을 늘린다. 어느 경우든 그의 행동은 시장에 기록되며, 기민한 투자자는 그 신호를 관찰할 것이다.

앞서 말한 대로 누구도 주가를 좌우하는 모든 요소를 알 수 없다. 그러나 결국 이 모든 요소는 시장에서 만나며, 주가를 결정하는 공급과 수요의 상호작용에 영향을 미친다. 어떤 뉴스든 공급과 수요 중 한쪽으로 치우치도록 저울을 기울일 때만 주가에 영향을 줄 수 있다. 특정 시점에서 주식에 대한 수요(매수 주문)가 공급(매도 주문)보다 많으면 주가는 상승한다. 반면 공급이 수요보다 많으면 주가는 하락한다.

차트는 이 공급과 수요의 상호작용에 대한 기록이다. 즉 얼마나 많은 주식이 언제, 얼마에 거래되었는지를 간략하게 보여주는 종목 또는 종목군의 역사다.

'차트 읽기' 또는 '차트 분석'의 목적은 다양한 주가 수준에서 나올 만한 수요 강도 대비 공급 압력을 파악하기 위한 것이다. 그리고 주식이 어느 방향으로 움직일지, 또 어느 지점에서 멈출지 예측하기 위한 것이다.

그 단서는 차트에 기록된 주가 변동의 역사를 통해 제공된다. 시장에서 역사는 반복된다(그것도 자주). 차트에서 주가 변동은 매우 일관되게 여러 패턴에 속하는 경향이 있는데, 이 각각의 패턴은 매수 압력과 매도 압력 사이의 관계를 나타낸다. 어떤 패턴은 수요가 공급보다 많다는 것을 나타내며, 다른 패턴은 공급이 수요보다 많다는 것을 나타낸다. 또 다른 패턴은 한동안 두 압력이 균형을 이룰 것임을 암시한다.

논의를 진전시키기 전에 한 가지 확실하게 해둘 점이 있다. 주가를 확실하게 예측하는 시스템은 없다. 만약 그런 것이 있다면 그 시스템을 고안한 사람이 결국 시장의 모든 주식을 보유하게 될 것이다. 차트는 절대적으로 옳은 것은 아니며 오도나 오해를 초래하는 경우가 많다. 그래서 우리는 이 책 전반에 걸쳐 이 사실을 확인할 것이다. 또 이 책의 말미에서는 차트 분석의 함정을 다룰 것이다.

다행히 판단이 항상 옳아야만 주식시장에서 돈을 버는 것은 아니다. 틀릴 때보다 맞을 때가 많으면 된다. 이 원칙은 도박꾼들 사이에서 잘 알려져 있는데, 그들은 "하우스는 절대 돈을 잃지 않는다"고 말한다. 사실 하우스도 종종 돈을 잃는다(적어도 손님들이 다시 오게 만들 만큼 잃는다). 그러나 수학적 우위가 결국에는 하우스의 승리를 보장한다. 어떻게 하면 주식시장에서 이런 우위를 확보할 수 있을까? 물론 기업, 업종, 경기에 대한 확실하고 면밀한 정보는 소중하다. 그러나 주식 차트의 움직임을 파악하고 차트 패턴을 숙지하면 매도 시점과 매수 시점을 결정하는 데 도움이 된다.

그러면 차트가 어떻게 만들어지는지 살펴보자(경험 많은 차트 분석가들은 이 장을 건너뛰어도 된다. 하지만 계속 읽어주었으면 좋겠다). 이 책에서 사용되는 (그리고 주가 예측에서 가장 폭넓게 활용되는) 차트는 수직선 차트로 불린다. 물론 선, 막대, 단 또는 다른 기호를 쓰거나 로그, 제곱근, 선형 척도를 적용하는 등 다른 많은 유형과 변형 차트가 있다. 일부 분석가들은 오실레이터(Oscillator), 이동평균, 비율 또는 '포인츠 앤드 피겨스(Points and Figures, 시간을 X축으로 삼는 일반 차트와 달리 포인트 단위로 주가 변동 추세만 O, X로 표시하는 방식- 역자 주)'를 활용한다. 이 각각의 방식은 나름의 장점과 기능을 지닌다. 그러나 이것을 모두 아는 데는 많은 시간이 걸리고, 해석하기에도 매우 복잡하다.

반면 수직선 차트는 쉽게 유지할 수 있고, 누구나 약간의 시간만 들이면 이해할 수 있다. 또한 한눈에 특정한 시기의 고가, 저가, 종가, 거래량 같은 주요 정보를 파악할 수 있다. 이는 세기가 바뀐 이후 사용이 증가하면서 가장 오랜 시간을 거쳐 검증된 수단이다. 투자자들은 다양한 차트 제공 매체를 통해 오랜 기간에 걸친 주도 종목이나 시장평균의 과정을 보여주는 수직선 차트를 확인할 수 있다. 이 매체들은 이미 만들어진 최신의 선도주 차트를 제공하며, 투자자는 관심 종목에 대한 차트를 쉽게 만들고 유지할 수 있다.

차트는 일간, 주간, 월간 또는 연간 주가 변동을 보여주기 위해 만들어진다. 이 기간 동안의 주가 패턴을 파악할 수 있으며, 이 패턴을 활용해 동일한 효력을 예측할 수 있다. 하지만 일간 차트가 주가의 전환을 보다 빠르게 알려준다. 그래서 이 책에 나오는 대다수 차트는 일간 차트다. 물론 주간 차트와 월간 차트도 장기 추세를 분석하는 데 유용하다. 앞으로 나올 장들의 마지막에는 그 예가 제시되어 있다.

어느 경우든 주가 정보는 균등한 수평선 및 수직선의 그래프로 나타난다. 측면의 상하 척도는 주가를 측정한다. 상단이나 하단에는 하루, 일주일, 한 달 또는 일 년 등 시간을 나타낸다. 차트에는 그날에 거래된 고가와 저가가 표시되고, 두 점 사이에 그어진 수직선은 그날의 주가 변동폭을 나타낸다. 짧고 얇은 횡단선은 종가를 나타낸다. 예를 들어 10월 15일에 주당 45달러에서 47달러 사이에 거래되고 46달러로 마감한 종목은 다음과 같이 표시된다.

그림 1. 주가 차트(고가, 종가, 저가)

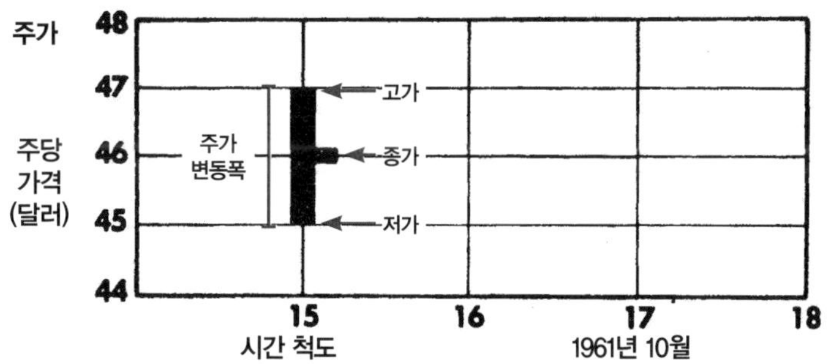

물론 주간, 월간, 연간 차트도 동일한 방식으로 그려지며, 각 선은 해당 기간의 주가 변동을 나타낸다. 차트 하단에는 중요한 정보인 해당 기간에 거래된 주식수(또는 거래량)를 추가할 공간이 제공된다. 거래량은 측면에 나오는 척도에 따라 0에서 늘어나는 수치를 정확하게 수직 막대로 나타난다[거래량은 달리 언급되지 않으면 100주 단위 혹은 '기본 거래 단위(Round lots)'로 제시된다].

그림 2. 제너럴모터스

날짜	고가	저가	종가	거래량
1961년 9월				
15	48	47.25	48	37,100
16	토요일			
17	일요일			
18	48	47	48	38,200
19	48	47.375	47.375	28,500
20	48.125	47.375	48.125	36,300
21	49	48.25	48.5	59,700
22	48.75	48.25	48.625	29,500
23	토요일			
24	일요일			
25	49	48	48.25	44,100
26	48.75	48.25	48.5	29,500
27	49.75	48.25	49.75	75,700
28	49.875	49.5	49.625	48,200
29	49.75	49.25	49.625	31,800
30	토요일			
10월 1일	일요일			
2	49.75	49.25	49.75	29,300
3	49.75	49.375	49.625	21,500
4	50	49.375	50	55,200
5	50.375	50	50.375	45,800
6	50.75	50.25	50.375	41,100
7	토요일			
8	일요일			
9	50.875	50.375	50.75	37,100
10	51	50.625	50.75	40,000
11	51	50.625	51	35,300
12	50.875	50.375	50.375	26,400
13	50.125	49.75	50.125	39,300
14	토요일			
15	일요일			

1961년 9월 15일부터 10월 15일 사이에 제너럴모터스의 일일 주가 변동을 각각 수치만 표시한 표를 차트로 보면 편리성(필요성)을 알 수 있다. 수치를 나타낸 표를 차트로 그려보면 다음과 같다.

그림 3. 제너럴모터스(일간 고가, 저가, 종가)

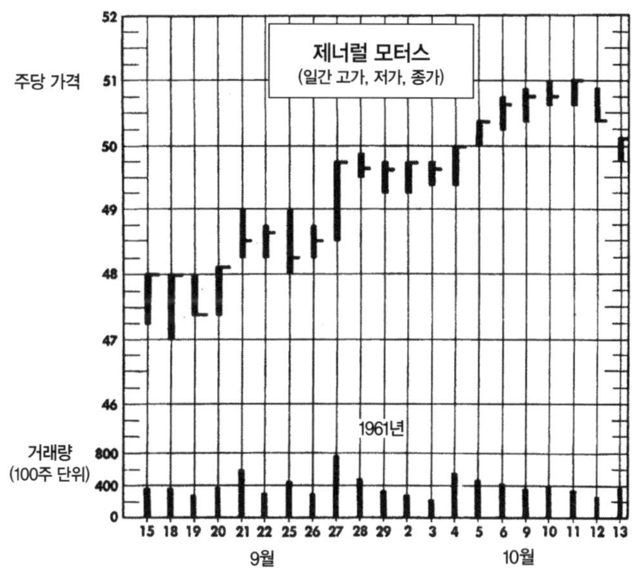

첫 번째 수직선은 9월 15일에 제너럴모터스의 종목의 고가가 48달러, 저가가 47.25달러, 종가가 48달러(수평선)였음을 보여준다. 하단에 표시된 막대는 거래량으로 그날 3만 7,100주가 거래되었음을 보여준다. 같은 방식으로 10월 15일까지 매일 기록된다(연속성을 제공하기 위해 주말에 해당하는 여백은 제거되었음을 밝혀둔다).

동일한 데이터로 주간 차트를 보면 장기 추세를 파악할 수 있다.

그림 4. 제너럴모터스(주간 고가, 저가, 종가)

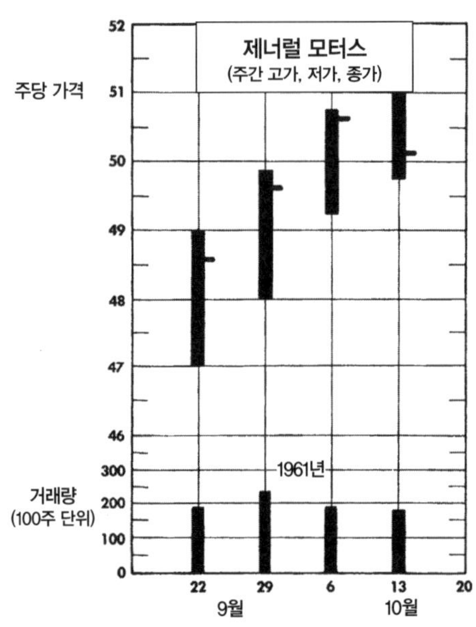

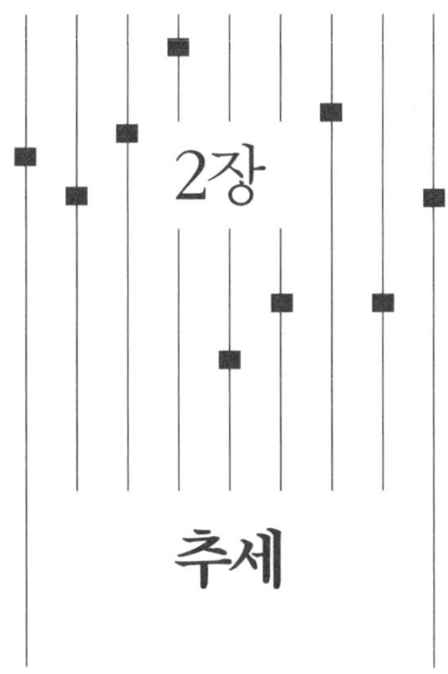

2장 추세

몇 개의 주식 차트를 잠깐 보기만 해도 주가가 상당한 기간에 걸쳐 특정 방향으로 이동하는 경향을 지닌다는 사실이 드러난다. 보다 자세히 살펴보면 이 경향 또는 추세는 종종 가상의 직선을 따라 지그재그로 움직이며 일정한 패턴을 형성한다. 사실 이렇게 주가가 아주 밀접하게 직선을 따라가는 것은 차트 움직임의 가장 특별한 속성 중 하나다.

차트 분석를 할 때 불가사의하거나 속임수는 전혀 없다. 주식은 인간 심리를 바탕으로 다양한 패턴을 형성한다. 주가 변동을 좌우하는 것은 심리다. 예를 들어 주가가 직선을 따라 이동하는 경향은 설명하기 어렵지 않다. 이 경향은 물리적 측면에서 종종 관성의 법칙에 비유된다. 관성의 법칙은 움직이는 물체가 반대 방향의 힘에 부딪히기 전까지는 같은 방향으로 계속 나아가는 것을 말한다. 인간적 측면에서 볼 때 투자자들은 어떤 주식에 대해 다른 사람들이 최근에 지불한 가격보다 더 많이 지불하기를 거부하는 경향이 있다. 다만 주가가 계속 올라가는 경우는 다르다. 이 경우 투자자는 주가가 계속 오를 것이라는 약간의 자신감이나 희망을 갖는다. 반대로 투자자들은 어떤 주식에 대해 다른 사람들이 받는 가격보다 적게 받기를 거부한다. 주가가 계속 떨어져서 하락세가 더 이어질 것에 대한 두려움이 없다면 말이다.

그러면 가상이지만 매우 전형적인 사례를 통해 시장 심리가 뉴스에 반응하여 추세를 형성하는 양상을 살펴보자. 예를 들어 XYZ 기업이 매출과 이익을 늘릴 수 있는 신제품 개발을 거의 완료했다고 가정해보자. 이 기업의 주가는 주당 20달러다. 내부자들(임원, 직원, 친인척, 친구)은 이 신제품에 대한 정보를 가장 먼저 접한다. 그들은 해당 종목을 20달러나 21달러, 심지어 22달러에 팔 의향이 있는 사람들의 대열에서 즉시 빠져나온다. 그들의 주식은 시장에서 제외되고, 그에 따라 해당 가격대에서 공급이 줄어들면서 상승을 초래한다. 보다 중요한 것은 내부자들 중 일부는 주식을 추가로 매수하여 수요를 늘린다는 것이다. 이 무렵 신제품에 대한 소식이 증권사와 투자자문사 그리고 관련 업계의 사람들에게 알려진다. 주가는 23달러, 24달러, 25달러로 꾸준히 오르면서 점점 더 주목을 받게 된다. 일반 투자자들도 급히 매수 대열에 합류한다. 모두가 투자 팁(이 정보는 드물게 적절한 정보 중 하나다)을 주고받기를 원하며, 갈수록 많은 매수자가 몰려든다.

뒤이어 대외적으로 신제품에 대한 발표가 이뤄진다. 증권사는 고객들에게 발송하는 레터에 이 신제품이 XYZ 기업의 실적에 미칠 영향을 다룬다. XYZ도 자체적으로 신제품을 광고하고 홍보한다. 이 모든 일은 새로운 수요를 창출한다. 그러나 시장가격이 이 개발 호재를 완전히 '할인'하는, 즉 주가가 향후 이뤄질 매출 증가를 반영하여 충분히 오른 시점이 온다. 이 시점은 대개 대외적으로 시제품이 발표될 무렵이 된다. 많은 단기 투자자는 이익을 실현하려고 '뉴스에 판다'. 특히 주가 급등 후 뉴스가 나올 때는 더욱 그런 경향이 강해진다.

상승세가 너무 지나친 것처럼 보이는 경우, 하락 추세가 형성될 수 있다. 어쩌면 매출이나 이익에 대한 초기 추정치가 너무 낙관적이었을지 모른다. 또는 다른 기업들이 경쟁 제품을 재빨리 출시할지도 모른다. 아니면 다른 사업부의 이익이 감소할 수도 있다. XYZ의 주가가 하락하면 매수자들은 자신들의 이익을 현금화하려고 할 것이다. 그러면 천장 근처에서 매수한 후발 참여자들은 더 큰 손실을 피하기 위해 진저리를 치며 손실을 보고 매도한다.

이런 이유로 주가는 상당한 기간 동안 특정한 방향(상하 혹은 옆으로)으로 움직이는 경향이 있다. 따라서 차트 분석을 통해 얻을 수 있는 첫 번째 교훈은 이것이다. 주가가 특정한 추세선을 따르는 것으로 드러나는 경우 해당 추세선대로 계속 움직일 가능성이 그렇지 않을 가능성보다 크다는 것이다. 확실한 것은 아니고 그럴 가능성이 크다는 것이다. 하지만 추세를 포착하는 능력은 투자 전술을 결정하는 데 있어서 우위를 제공한다.

추세를 포착하는 방법

차트를 가로지르는 주가 움직임에서 파동의 천장과 바닥을 찍는 3개의 지점으로 추세를 형성할 수 있다. 그러나 대개 추세선을 확인하려면 더 많은 움직임이 필요하다. 〈그림 5〉에서 상승 추세에 속한 세 번째 C지점은 첫 번째 지점인 A보다 높은 수준에서 확정된다. 지금까지는 3개의 지점만 관찰된 상황이다. 그래서 주가가 C지점에서 벗어나고 일부 경우에는 실제로 B지점을 지날 때까지는 추세선을 파악하기 어려울 수 있다. 하락 추세에서는 C지점이 A지점보다 낮다. '횡보' 혹은 수평 추세선은 C지점이 A지점과 평행으로 나타난다.

그림 5. 추세선

상승 추세선　　　하락 추세선　　　횡보 추세선

상승 추세선은 주가 변동의 저점들을 이음으로써 그려진다는 점을 주목하라. 하락 추세선은 고점들을 이음으로써 그려진다. 이는 중요한 구분이다. 경험이 부족한 차트 분석가들은 하나같이 (그리고 상당히 자연스럽게) 반대로 그린다. 즉 주가 변동의 상단을 통해 상승 추세선을, 하단을 통해 하락 추세선을 그린다. 이런 방식은 가끔 통하는 것처럼 보인다. 그러나 경험에 따르면 매우 신뢰도가 낮으며 주가 예측에 쓸모없다. 주가를 예측할 때는 다음 움직임이 형성될 때 주가가 어느 지점에서 멈출지 파악하는 것이 중요하다. 횡보 추세가 형성되면 고점과 저점이 종종 평행한 수평선을 이룬다. 그래도 가상의 상승 추세선을 그릴 때처럼 저점을 따라 횡보 추세선을 그리는 것이 안전하다.

〈그림 6〉은 추세선과 추세대가 일간 수직선 차트에서 어떻게 나타나는지 보여준다. 실제로 추세선이 형성되는 과정은 이 장의 마

지막에 나오는 차트들에서 살펴볼 것이다. 이 차트들은 모두 실제 시장 행동에서 가져온 것이다. 여기서 추세선은 실선이다. 추세선과 평행한 점선은 추세대를 그리는 데 도움을 준다. 간단히 말해서 추세대는 주가가 추세선을 따라 지그재그로 움직이는 통로다. 추세선이 명확하게 형성되면 대개 추세대도 파악할 수 있다. 물론 〈그림 6〉에 나오는 그림처럼 추세대가 깔끔하게 파악되는 경우는 드물다. 하지만 이렇게 추세대를 확인하면 매수나 매도를 결정할 때 어느 가격대가 좋을지에 대해 가늠할 때 유용하다.

그림 6. 추세대

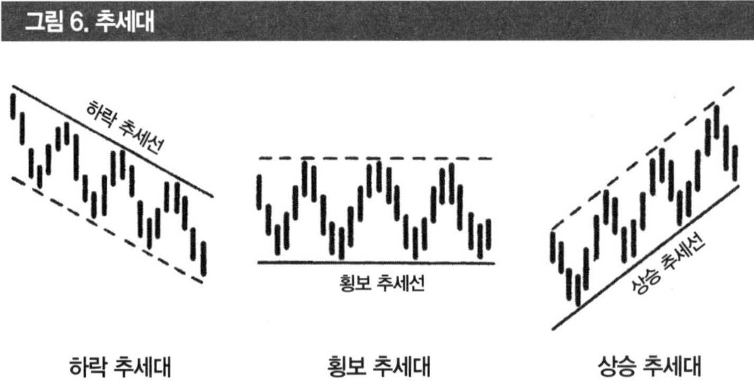

분명한 것은 어떤 주식이 특정한 추세를 따라 또는 특정한 추세대 안에서 오래 움직일수록 더 강력한 추세일 확률이 높다. 때문에 주간 내지 월간 고가, 저가, 종가 차트 같은 장기 차트의 추세선은 대개 일간 고가, 저가, 종가 차트에서 형성되는 추세선보다 신뢰도

가 높다. 몇 주 동안만 형성된 추세선은 대부분의 경우 그 추세가 계속 이어질 것이라고 예상할 수 없다. 그러나 주가는 이전 추세선을 돌파하고 방향 전환을 시도한 후에도 다시 원래의 추세선으로 돌아가려는 경향이 있다. 이런 지난 추세의 자력(磁力), 즉 추세선이 지니는 '되돌림 효과(Pull-back effect)'는 나중에 다룰 많은 패턴이 완성되는 과정에서 관찰할 수 있다. 이런 움직임을 인식하는 것은 매수 및 매도 타이밍을 잡는 데 도움을 준다.

그림 7. 되돌림 효과

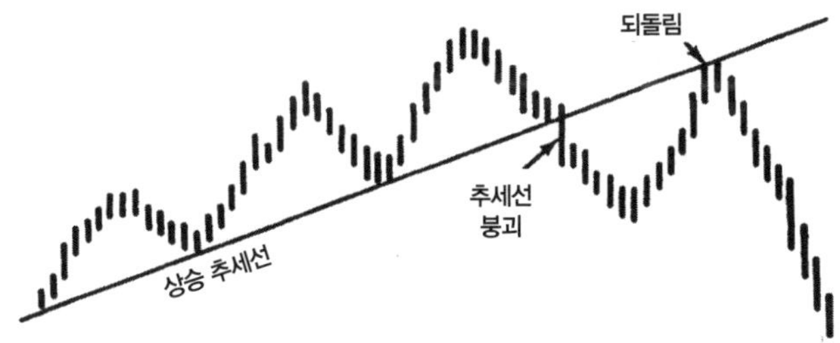

거래량

앞에서 살펴본 대로 차트 분석가는 〈그림 5〉에서처럼 A-B-C 세 지점이 형성되는 것을 보면서 불확실한 추세선을 그릴 수 있다. 그러나 이는 아직 행동을 하기 위한 신호가 아니다. 행동에 나서려면 확증이 필요하다. 시간이 지나면서 나중에 폐기될 불확실한 추세선들이 차트 곳곳에서 나타나지만, 지속적인 추세도 찾게 될 것이다. 가장 중요한 지침 중 하나는 거래량, 즉 각 거래일에 거래된 주식의 수다. 거래량은 매수 압력 및 매도 압력의 강도를 나타내는 척도다. 즉 주가 움직임의 이면에 있는 확신이다. 거의 거래되지 않는 주식이 100주의 단일 거래로 5포인트가 뛸 수 있다. 이때 주가 상승이 의미하는 것은 한 개인이 자신만 잘 알고 있는 이유로 100주를 원한 것이다. 이는 다른 개인이 중개인에게 '시장보다 높은' 5포인트 수준에서 매도할 의향이 있다는 것 외에 얻을 수 있는 정보는 없다.

같은 맥락에서 거래량이 많을수록 전반적으로 주가 변동의 중요성이 커진다. 일반적인 상승 추세에서 거래량은 주가가 추세선 위로 오를 때 늘어나고, 추세선 아래로 떨어질 때 줄어든다. 반대로 하락 추세에서는 대개 주가가 오를 때보다 떨어질 때 거래량이 늘어난다.

임박한 추세 전환

거래량 변화는 종종 실제로 추세 전환이 이뤄지기 전에 미리 경고를 보내기도 한다. 예를 들어 상승 추세가 정상적으로 진행되면서 주가가 상승할 때 거래량이 늘어나고 주가가 하락할 때 줄어든다고 해보자. 그런데 갑자기 주가가 상승하는데 거래량이 줄어들고, 하락하는데 늘어난다면 이는 주가 반전이 임박했다는 신호일 수 있다.

차트 분석가들은 이전 추세선의 돌파는 경고 신호로 본다. 대부분의 경우에 한 번의 단순한 돌파는 추세의 끝을 나타내지 않지만, 경고는 될 수 있다. 오랫동안 차트를 분석한 경험을 통해 이 법칙을 발전시켰다. 즉 거래량이 늘어난 가운데 주가가 최대 3%만큼 이전 추세선을 돌파하면 추세가 반전될 가능성이 아주 크다.

변형

직선 추세선의 흥미로운 변형은 곡선 추세선이다. 상승이나 하락 모멘텀이 갑자기 빠르게 힘을 받는 경우가 있다. 이 경우 이전 직선 추세선은 그 힘의 방향으로 휘어지게 된다(앞에서 예로 든 XYZ 기업의 주가 동향은 상승 곡선을 그릴 것이다).

〈그림 8〉은 위로 휘어진 추세선과 아래로 휘어진 추세선을 보여준다. 이런 곡선이 장기간의 가격 변동 이후에 나오면 종종 주요한 움직임을 마지막 정점(또는 바닥 국면에서의 투매)으로 이끄는 클라이맥스 행동으로 이어지는 경우가 많다. 클라이맥스 행동은 광적인

매도 또는 매수와 같은 의미를 지닌다. 이 경우 주가 변동폭이 예외적으로 크고, 거래량은 비정상적으로 많다. 이런 유형의 추세선은 직선 추세선만큼 유효할 수 있다. 다만 반락 국면이 시작될 때까지 클라이맥스 행동의 끝을 잡아내기가 매우 어렵다는 점에 주의해야 한다. 즉 '블로 오프(Blow-off, 주가와 거래량이 가파르게 상승하다 정점을 찍고 급락하는 현상)'나 수직 상승 단계가 상당히 길어질 수 있다.

그림 8. 추세선 변형

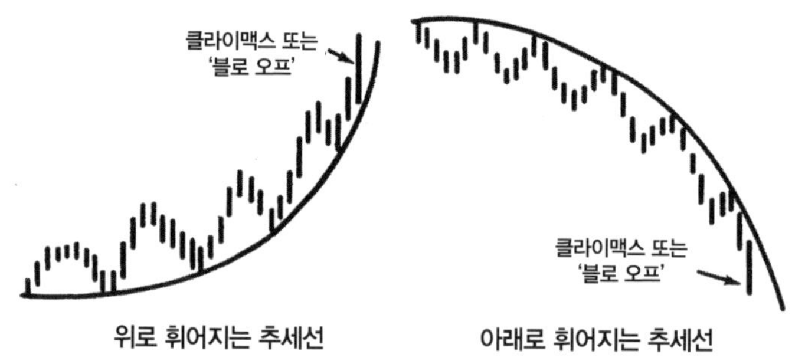

연구를 통해 추세선의 다른 변형이나 복잡한 형태를 찾아낼 수 있었다. 흥미로운 두 가지 변형으로는 '내부 추세선'과 '부채형 추세선'이 있다.

〈그림 9〉는 내부 추세선이 형성되는 과정을 보여준다. A에서 B까지의 구간은 정상적인 상승 추세선을 이룬다. 반면 B에서 C까지의 구간은 추세선 아래에서 형성되면서 내부 추세선을 만든다.

그림 9. 내부 추세선

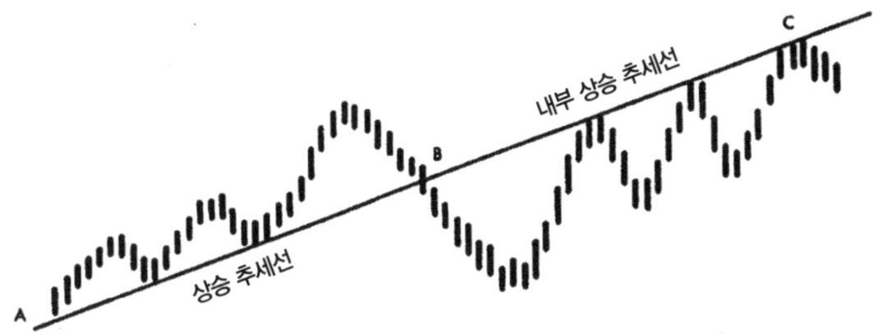

그림 10. '부채형' 추세선

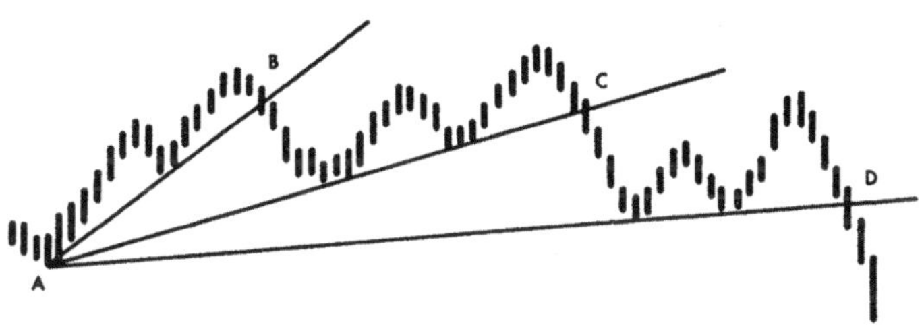

〈그림 10〉의 부채형 추세선은 이전 추세선(A에서 B)이 깨졌지만 주가가 계속 같은 방향으로 움직이다가 곧 두 번째 추세선(A에서 C)을 만들고, 다시 이 두 번째 추세선이 깨진 후 여전히 같은 방향으

로 세 번째 추세선(A에서 D)을 만들면서 형성된다. 세 번째 추세선이 무너지면 대개 추세가 크게 전환된다. 물론 이 과정이 네 번, 심지어 다섯 번에 걸쳐 반복되는 경우도 있다. 그러나 추세선이 네 번째로 꺾인 후에는 추세가 반전될 가능성이 매우 크다.

시장 전술

차트는 박식한 투자자에게 신호등처럼 나아가야 할 때와 속도를 늦춰야 할 때, 그리고 멈춰야 할 때를 알려준다. 설정된 상승 추세선이 그대로 유지되는 한 신호등은 초록불이다. 이때는 새로 주식을 매수할 수 있고, 기존 투자분은 계속 보유해야 한다.

추세선이 무너지면 노란불이 켜진 것이다. 거래량이 증가하면서 무너졌다면 더욱 그렇다. 이때는 매수를 보류해야 하고, 기존 보유 종목을 다시 살펴야 한다. 추세선이 오래 지속될수록 이 선의 붕괴는 '약세' 신호로 매우 중대한 의미를 지닌다.

끝으로 하락 추세가 형성되고 있다는 증거는 빨간불이다. 이는 주식을 매도하고 이익을 실현하거나 손실을 피하기 위해 다른 방어 수단을 찾아야 한다는 것을 뜻한다(증권사들은 '현물 보유 종목'에 대한 공매도와 '풋옵션 및 콜옵션' 매수 같은 방어 조치를 잘 알고 있다. 그러나 이 내용은 여기서 다룰 필요가 없다).

주식을 매수하거나 매도하기로 결정했을 때 주가가 요동치는 추세대에 익숙해진다면 주당 몇 달러의 이득을 얻을 수 있다. 이 경우 추세대의 바닥에서 매수하고 천장에서 매도할 것이다. 물론 추세선의 붕괴나 이전 추세선으로의 복귀 움직임은 매우 유리한 매수 혹은 매도 기회가 된다.

주가의 움직임 속에서 '바닥에서 매수하고 천장에서 매도하는' 것은 물론 모든 투자자에게는 이룰 수 없는 꿈이다. 마지막 0.125 포인트까지 이득을 보려는 것은 불필요하며, 현명하지도 않다. 투자자는 항상 상상력을 활용해야 한다. 또한 불변의 법칙에 얽매이거나 주가를 정확하게 예측하는 공식에 매료되어서는 안 된다. 그러나 추세선은 차트 분석에 대한 체계적인 접근법에서 가장 먼저 살펴야 할 중요한 그림이다.

차트 1. 커 맥기: 상승 추세선과 추세대

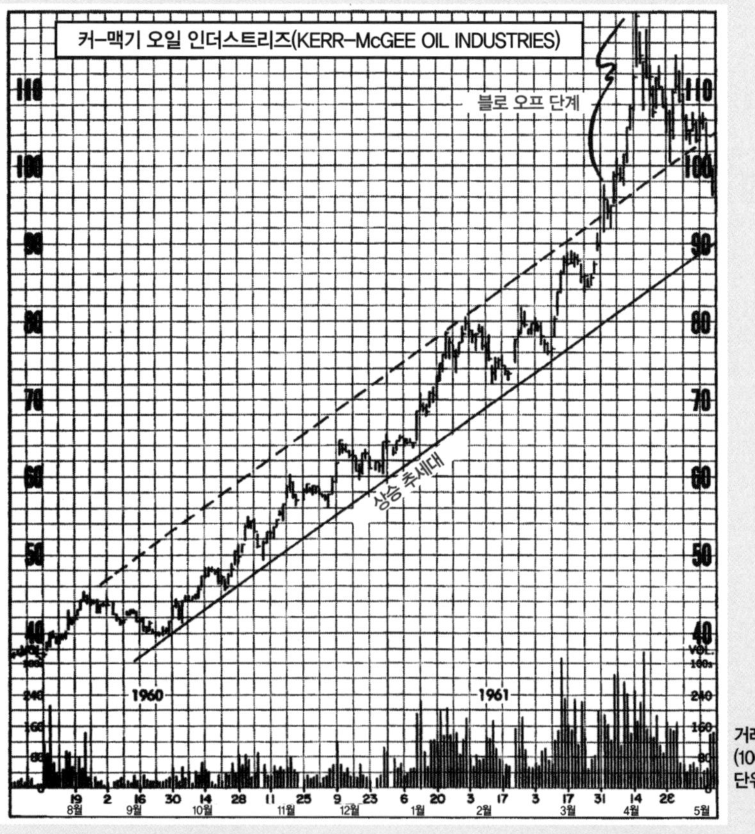

커-맥기 오일 인더스트리즈(KERR-McGEE OIL INDUSTRIES)
블로 오프 단계
상승 추세대
110
100
90
80
70
60
50
40
VOL. 100s
240
160
80
0
1960
1961
19
2
16
30
14
28
11
25
9
23
6
20
3
17
3
17
31
14
28
8월
9월
10월
11월
12월
1월
2월
3월
4월
5월
거래량
(100주
단위)

〈차트 1〉은 커-맥기의 주가가 7개월이 채 안 되는 기간에 3배가 된 모습을 보여준다. 첫 6개월 동안 주가는 가상의 상승 추세선(실선)에 매우 밀접하게 움직이며 비교적 좁은 추세대 안에 머문다(추세선 및 그와 평행한 점선 사이). 보다 자세히 살펴보면 추세선이 상승 첫 달 안에 확실하게 자리를 잡았다는 것을 알 수 있다. 1961년 4월에 주가는 추세대 상단을 돌파한 후 블로 오프 혹은 클라이맥스 국면까지 치솟는다. 이런 움직임은 종종 일시적 천장 또는 대천장을 만든다. 수직 상승은 5월 31일에 이뤄진 2대 1 주식 분할에 대한 기대 때문이다. 1962년 초까지 주가는 여전히 이 차트에 기록된 고점 아래에 머물렀다.

차트 2. 조지아 퍼시픽: 하락 추세선과 추세대

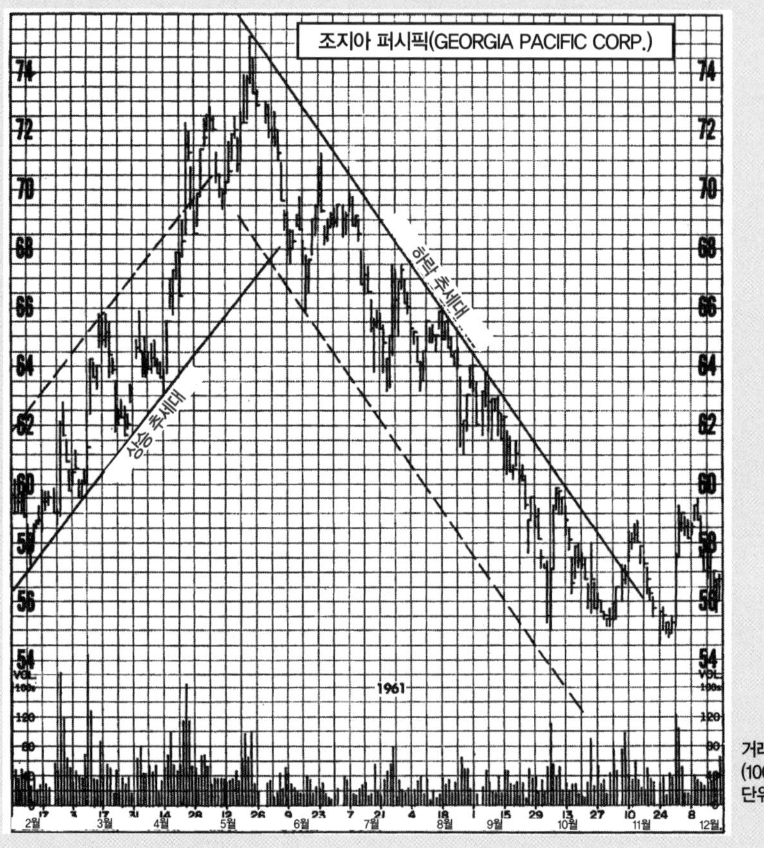

〈차트 2〉를 보면 4월 말에 주가가 상승 추세대의 상단을 돌파했는데, 〈차트 1〉의 커-맥기 차트와 마찬가지로 이것이 상승의 끝을 알리는 '블로 오프'의 시작이라는 점에 주목해야 한다. 하락 단계의 주가 변동은 추세선을 따르는 것으로 드러난다. 가끔 나오는 가파른 반등과 상승은 전반적인 추세대의 윤곽을 형성한다.

이런 상황은 추세대 하단에서 매수하고 추세대 상단에 접근할 때 매도하는 시장 전술에 매우 이상적이다. 11월 첫 주에 이뤄진 상승으로 긴 하락 추세선이 마침내 돌파된다. 그러나 11월 말에 주가는 다시 추세선으로 '되돌려진다'. 또한 11월에 거래량 패턴이 어떻게 바뀌는지에 주목해야 한다. 즉 주가가 반등하면 증가하고, 하락하면 감소한다.

차트 3. 코베트: 상승 곡선 추세선

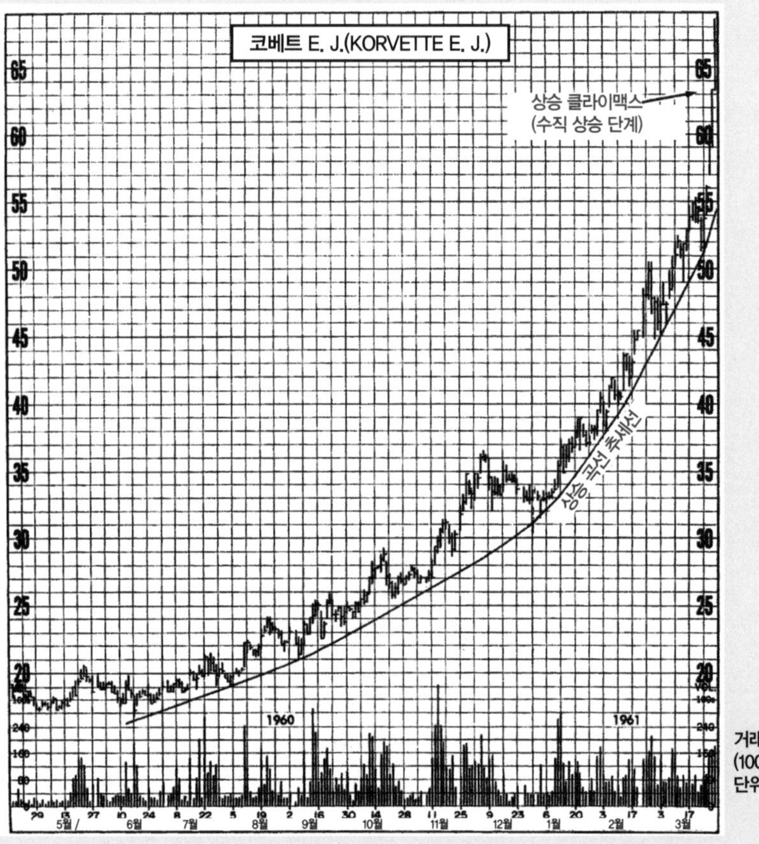

〈차트 3〉을 보면 7월과 9월에 진행된 상승 추세는 여러 달에 걸친 주가 횡보에 뒤이은 것이다. 1961년 1월까지는 대체적으로 곡선이 완만하다. 그러다가 위로 더 급격하게 휘어지면서 3월 말에는 '블로 오프' 단계에 진입한다.

이 단계의 특징은 일시적 또는 중대한 전환을 나타내는 수직 가격 상승이다. 2장에서 설명한 대로 상승 곡선 추세선은 대개 이런 유형의 시장 행동으로 이어진다. 그러나 수직 상승 단계의 끝을 정확하게 집어내기는 매우 어렵다. 아주 짧은 시간에 상당히 멀리까지 나아갈 수 있기 때문이다. 〈차트 3〉에서 마지막 날의 고가(68.5달러)는 일시적 천장으로 드러난다. 주가는 1961년 6월에 47.37달러까지 떨어졌다가 다시 상승하여 결국 129달러에서 고점을 찍었다.

차트 4. 플린코트: 하락 곡선 추세선

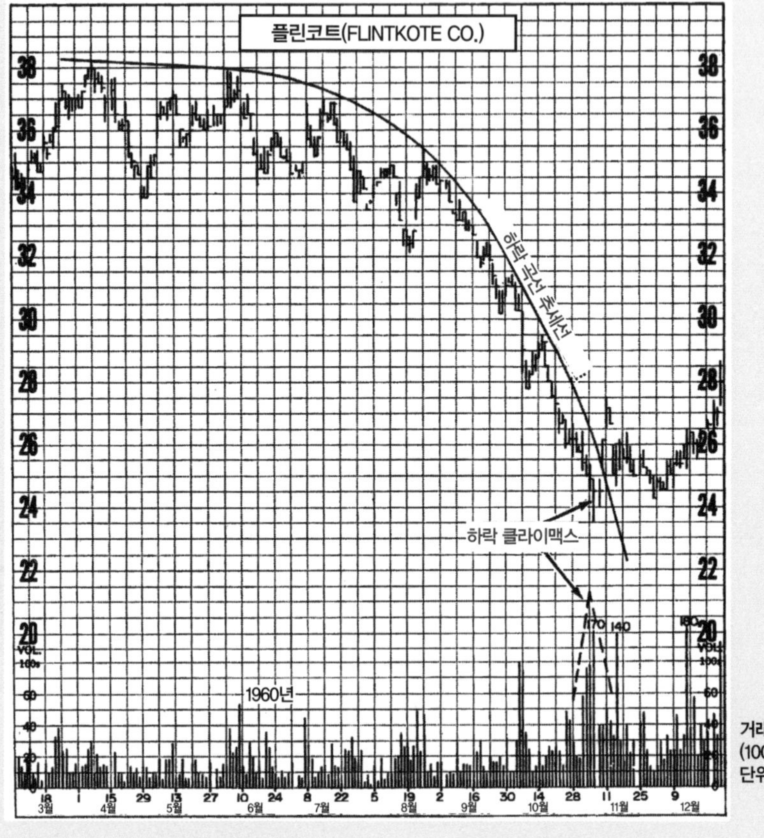

하락 곡선 추세선은 상승 추세선의 변형으로 동일한 방식으로 시작된다. 즉 고점을 따라 매우 완만하게 추세선이 휘어지며, 추세가 진전되면서 더욱 가팔라진다. 〈차트 4〉처럼 거래량은 하락이 본격적으로 진행되기 전까지 비교적 안정적인 수준을 유지하다가 클라이맥스 단계에 도달하면 급증하기 시작한다. 〈차트 3〉의 경우 상승 곡선 추세선이 아주 급격한 상승과 함께 클라이맥스에 이르렀지만 거래량은 대단히 많지 않았다. 반면 〈차트 4〉의 경우 클라이맥스에서 대단히 많은 거래량을 수반했지만 일일 주가 변동은 특이한 수준이 아니었다. 이처럼 클라이맥스는 폭넓은 주가 변동이나 특이한 거래량 또는 두 가지 모두의 형태로 나타난다.

3장

지지선과 저항선

어떤 주식을 샀는데 주가가 떨어져서 매수한 가격에 팔고 싶었던 적이 있는가? 어떤 주식을 팔았는데 주가가 올라가서 원래 주가에 다시 살 기회가 생기기를 바랐던 적이 있는가? 당신만 그런 것이 아니다. 이는 일반적인 인간의 반응이며, 주식 차트에서는 지지선과 저항선으로 그 모습을 드러낸다.

지지선은 어떤 주식에 대한 수요 또는 매수가 상당히 늘어날 것으로 예상되는 주가이다. 저항선은 공급 또는 매도가 상당히 늘어날 것으로 예상되는 주가다. 이런 선들을 찾기는 어렵지 않다. 예를 들어 상당한 양의 손바꿈(특정 주식을 보유하고 있는 투자자가 바뀌는 것을 의미하고, 표면적으로는 거래량의 증가로 관찰할 수 있다)이 일어난 모든 주가 수준은 지지선 또는 저항선으로 볼 수 있다(앞으로 살펴보겠지만 두 용어는 바꿔 쓸 수 있다). 특정한 주가 범위에서 많은 손바꿈이 일어나면 〈그림 11〉에 나오는 것처럼 분석가들이 말하는 정체 구간이 생긴다.

그림 11. 저항선이 형성되는 양상

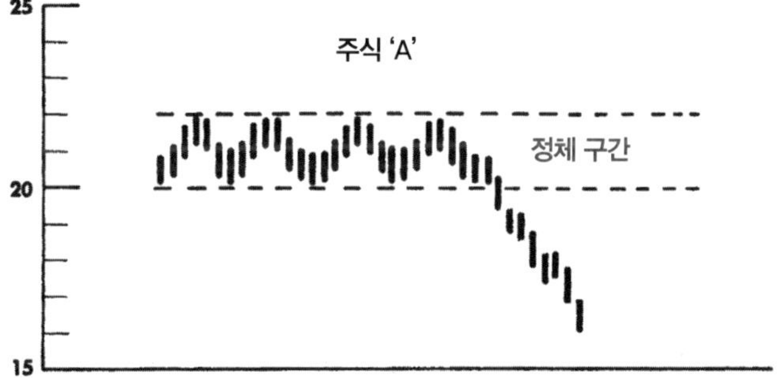

당신과 다른 수백 명의 투자자가 주당 20~22달러 사이의 가격으로 A주식을 샀다고 가정해보자. 이후 주가는 16달러로 떨어졌다. 일반적인 매수자가 가장 먼저 보이는 반응은 계속 보유하는 것이다. 그들은 주가가 22달러 위로 반등하여 자신의 판단이 옳았음을 입증하여 수익을 안겨주기 바란다. 그러나 주가가 계속 약세를 보이면 많은 매수자는 본전만 찾아도 좋겠다고 생각하기 시작한다.

그래서 마침내 주가가 상승으로 돌아서면 손익분기점에 가까워질수록 팔고 싶은 마음이 강해진다. 당연히 20~22달러 구간에서 이뤄진 매매가 많을수록(또는 정체가 심할수록) 매도하려는 주식의 물량이 늘어난다. 그래서 이 지점에서 주가가 더 오르지 못하게 막으려는 저항이 커진다.

이번에는 많은 투자자가 A주식을 20~22달러 사이에 샀는데 주가가 내린 것이 아니라 올랐다고 가정하자. 분석가들은 이 구간을 지지 구간이라고 부를 것이다. 즉 주가가 주당 25달러 이상으로 오르다가 떨어져도 20~22달러 구간으로 복귀하면 새로운 매수세와 만나게 된다는 것이다. 여기에는 여러 타당한 근거가 있다. 예를 들어 20~22달러 구간에서 매도했던 사람들은 주가가 오르는 동안 계속 자책할 것이다. 그래서 다수는 매도한 가격에 다시 매수할 것이라고 마음먹고 주저 없이 '다시 올라타게' 된다. 그들은 심지어 A주식을 유망하게 본 자신의 판단이 내내 옳았다고 말할지도 모른다. 또 다른 집단(20~22달러 구간에서 매수했거나 매수를 고려하는 동안 주가가 '날아가 버려서' 매수하지 못한 사람들)은 주가가 해당 구간으로 돌아오면 언제든 매수하려고 계획할 수 있다. 대규모 매수세를 구성하는 세 번째 유형은 상승 시 공매도하여 주식이 하락할 때 이익을 현금화하는 단기 투자자들이다.

분석가는 차트에 일반적으로 수평선으로 지지나 저항 지점 또는 구간을 그린다. 예를 들어 〈그림 12〉를 보면 주가가 한동안

20~24달러 사이에서 오간다. 이 경우 지지선은 20달러(A선), 저항선은 24달러(B선)가 된다. 그리고 주가가 저항선인 24달러를 뚫으면 전체 범위(A에서 B)가 지지 영역 또는 구간이 된다.

그림 12. 지지 구간이 형성되는 양상

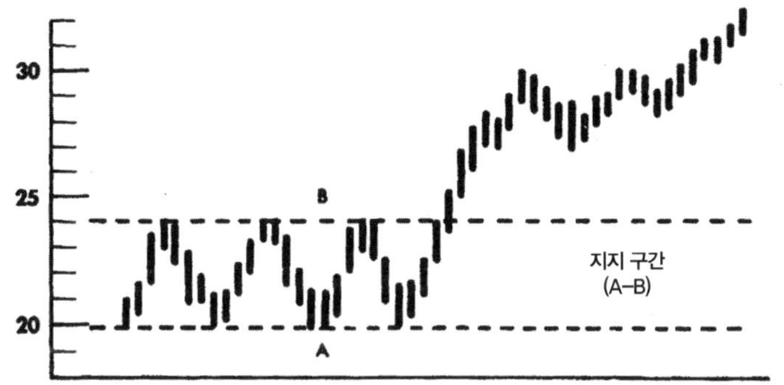

시장이 전개됨에 따라 지지선이 저항선이 될 수 있고, 그 반대가 될 수 있다(〈그림 13〉 참고). B주식의 주가가 여러 달 동안 50~55달러 사이를 오갔다고 가정하자. 이 기간에 50달러는 지지선, 55달러는 저항선으로 볼 수 있다. 그러다가 어느 날 주가가 55달러선을 뚫은 후 마감*한다면 이전 저항선은 자동적으로 새로운 지지선이 된다.

---

* 여기서 분석가들은 '장중' 고가와 저가보다 종가를 더 중시한다는 점을 언급할 필요가 있다. 그 이유는 일반적인 투자자들은 장이 시작할 때 종가를 살피고 거기에 따라 반응하기 때문이다. 주가 조작자들은 이 점을 악용하여 그날의 마지막 거래 때 장중과 크게 다른 시세를 꾸며내는 것으로 알려져 있다.

55달러에 매수한 많은 투자자는 마침내 그들의 판단이 타당했다는 사실을 확인한다. 이제 장부상 이익이 생겼기 때문이다. 그중 일부는 55달러에 추가 매수하고 싶어 한다. 반면 55달러에 매도한 사람들은 앞서 제시한 이유로 그 가격에 '다시 올라타고' 싶어 한다.

그림 13. 과거의 저항선이 새로운 지지선이 되다

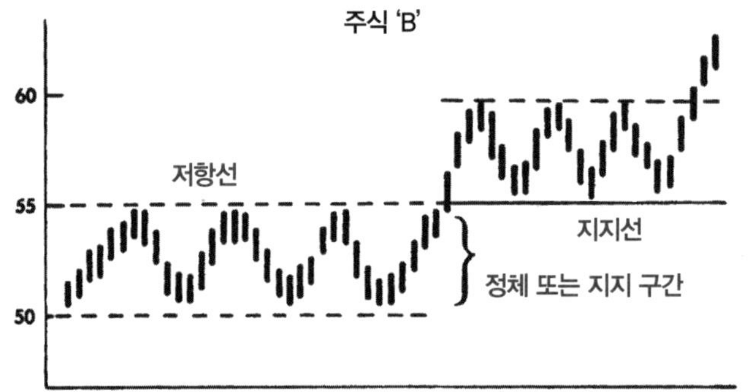

돌파가 하방으로 이뤄지면, 즉 주가가 50달러 아래로 내려가면 50달러가 지지선에서 저항선으로 바뀐다. 이제 50달러보다 높은 가격에 매수한 사람들은 손실을 보게 된다. 그중 다수는 주가가 50달러 이상으로 돌아오면 '본전'을 찾고 싶어 한다.

개별 종목(또는 같은 맥락에서 평균지수)은 역사적으로든 아주 최근이든 투자자들의 머릿속에서 특정한 다른 가격에 설정된 지지선 내지 저항선을 만나게 된다. 누군가가 "난 항상 어떤 종목을 20

달러에 사고 40달러에 팔아서 돈을 벌어*"라고 말하는 것을 얼마나 자주 들었는가? 경기순환주(제철이나 다른 기본 산업처럼 경기순환의 등락을 매우 밀접하게 따르는 종목)에 대한 연구결과는 많은 사람이 좋아하는 역사적 전환점을 가지고 있음을 보여준다.

단기간에도 주가 변동의 고점과 저점은 투자자들에게 심리적으로 영향을 미치고, 그에 따라 소규모 지지선과 저항선이 형성된다. 예를 들어 당신이 상승 중인 종목을 보유하고 있으며, 막 매도하기로 결정했다고 가정하자. 그런데 갑자기 주가가 신고점에서 하락하기 시작한다. 이 경우 당신은 '천장 매도'의 황금 같은 기회를 놓쳤다고 느끼지 않는가? 또한 당신이 심사숙고하는 사이에 주가가 전고점까지 반등하면 거기서 빠져나오고 싶지 않은가? 만약 많은 매수자가 이렇게 느낀다면 이 고점은 강력한 저항선이 된다. 처음에는 아주 적은 거래량을 수반한 채 거기에 도달했다고 해도 말이다.

---

* 어림수는 일반적으로 또 다른 지지선 또는 저항선이다. 단순히 많은 투자자가 10 또는 5 단위로 목표를 정하기 때문이다.

50% 규칙

어떤 종목 혹은 전체 시장이 심한 등락을 보이면 전문가들은 '기술적 반등' 또는 '기술적 반락'이 나올 지점을 찾는다. 주가는 3분의 1 또는 3분의 2만큼 되돌아가려는 경향이 있다. 주가가 급등하면 단타 투자자는 이익을 실현한다. 반면 주가가 급락하면 '저가 매수자'가 몰려든다. 뒤이어 주가는 원래의 추세를 회복한다. 보다 긴 기간에 걸친 등락의 경우 주가가 마지막 움직임에서 상승폭 또는 하락폭의 절반으로 되돌아갔을 때 지지나 저항이 발생하는 경향이 있다. 예를 들어 주가가 중단 없이 20달러에서 60달러까지 급등한 후 하락 추세로 접어든다고 가정하자. 이 경우 상승폭의 중간 지점에서 지지선이 나올 가능성이 크다. 따라서 40포인트 이익의 절반 또는 고점에서 20포인트를 뺀 40달러를 잠재적 지지선으로 볼 수 있다.

그림 14. 50% 규칙

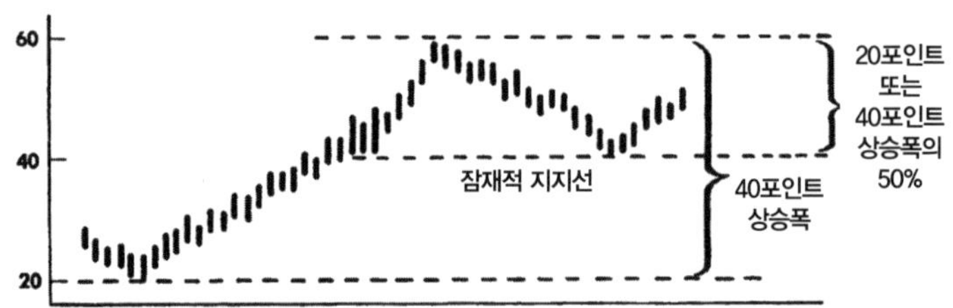

이례적인 거래량

앞에서 차트의 '정체 구간'은 비교적 긴 기간에 걸쳐 특정 가격에서 많은 물량의 손바꿈이 일어났음을 보여준다고 말했다. 그에 따라 해당 주가는 지지선 혹은 저항선이 될 수 있다. 이론적으로는 거래량이 많기만 하면 그 기간이 몇 주든 그보다 짧든 상관없다. 주가 변동이 일어나는 동안 거래량이 단기적으로 증가하는 것은 차트에 가격 추세를 방해한 것이 나타나지는 않지만, 종종 강력한 지지 구간 내지 저항 구간임을 드러낸다. 이 구간은 이후 하락이나 상승을 저지할 때 효력을 발휘한다.

예를 들어 어떤 종목의 평균 거래량이 증가하며 주당 14달러까지 올랐는데, 갑자기 거래량이 급증하는 경우가 있다. 이후 특별한 가속 없이 주가는 계속 상승한다. 그러나 약 16달러선에서 거래량이 '정상 수준' 또는 급증 이전 수준으로 줄어들면 주가는 계속 오르거나, 하락하거나, '횡보'할 수 있다. 그러나 어느 경우든 차트 분석가는 14~16달러 구간을 '대량 거래 구간'으로 보고 지지선이나 저항선을 찾을 것이다. 물론 하락하는 경우에도 같은 원칙이 적용된다(대량 거래 구간의 사례는 이 장의 마지막에 나오는 차트들에서 확인할 수 있다).

주가가 예기치 못한 지지선 또는 저항선에 도달하면서 거래량이 급증하면 힘이 강해진다. 역설적으로 때로는 거래량 급감도 같은 의미를 지닌다! 하지만 그 이유는 정확히 알기 어렵다. 어쩌면 주식에 관심 있는 많은 사람이 주요 전환점으로 여기는 지점에서 주가가 어디로 튀는지 보기 위해 시장에서 발을 빼기 때문일지도 모른다. 이 경우 거래량 급감은 특정 가격 수준과 연계된 시장 심리의 전환을 암시한다. 어쨌든 거래량은 지지선 및 저항선에서 감소하기보다 증가하는 경우가 많지만, 감소하는 경우도 적지 않아서 차트 분석을 할 때 고려할 필요가 있다.

거래량에 대해 알아야 할 점이 하나 더 있다. 주가가 정체 구간에서 벗어나면 분석가는 언제나 그렇듯 거래량을 살펴서 그 돌파가 단지 돌발적이지 않고 '유효한지' 판단한다. 상승 시 유효한 돌파(저항선 뚫기)는 대개 거래량 증가를 수반한다. 반면 유효한 '하방' 돌파(지지선 뚫기)는 대개 처음에는 적은 거래량을 수반하는데, 주가가 계속해서 하락하는 동안 거래량이 늘어나는지를 확인해야 한다.

지지와 저항의 작용

지지와 저항은 추세선과 마찬가지로 거의 언제나 모든 차트에서 찾을 수 있다. 사실 지지와 저항은 더욱 정교한 패턴을 구성하는 기본적인 요소다. 차트 분석가들은 이런 패턴을 살펴서 주가 변동을 예측한다. 앞 장에서 언급한 대로 움직이는 대상(추세)은 상반되는 힘(지지 또는 저항)을 만나기 전까지 계속 나아간다. 차트 분석가는 이 두 가지 도구를 지속적으로 활용하는데, 그들이 보기에 이 두 가지 도구는 서로에게 도움을 준다. 추세선은 지지선과 저항선을 확인하는 데 도움을 준다. 지지선과 저항선은 새로운 추세선을 확인하고 예상하는 데 도움을 준다.

일간 차트*를 볼 때 지지 구간의 바닥을 천장보다 더 유효하게 여기는 것이 신중한 관점이다. 종종 상승하는 종목은 지지 구간 안으로 되돌아온 다음 상승을 재개한다(〈그림 15〉 참고).

그림 15. 유효 지지선

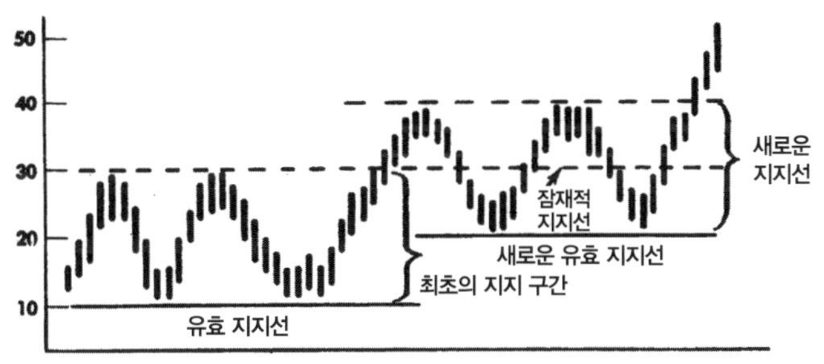

---

* 주간 차트 및 월간 차트도 지지와 저항 수준을 보여주며 앞서 언급한 대로 개별 주식이 오랫동안 자리 잡은 수준 또는 '역사적인' 수준을 포착하는 데 편리하다. 저항과 지지 수준의 힘은 시간이 지남에 따라 약해지는 경향이 있다. 그러나 몇 년이 지나도 여전히 중요한 의미를 지니는 놀라운 사례도 많다.

그러면 이전의 지지 구간 안에서 새로운 지지선이 형성되고 이후로 유효한 지지선이 된다. 지지선과 저항선을 분석한 사례들은 이 장의 마지막에서 볼 수 있다.

지지선과 저항선은 투자자에게 배가 올바른 경로로 가고 있는지를 말해준다. 지지선이 단단하게 버티는 한 해당 종목이 잘하고 있다는 판단하에 추가 매수에 나설 수 있다. 반면 지지선이 붕괴되면 걱정할 만한 이유가 되며, 매도를 고려할 수 있다.

일부 단기 투자자들은 지지선과 저항선에 대한 연구를 토대로 실질적인 매매 시스템을 만든다. 그들은 주가가 지지선까지 떨어지거나 상승하여 저항선을 뚫을 때 매수한다. 또한 주가가 저항선에 이르거나 지지선이 붕괴될 때 매도한다.

또 다른 기법은 다음과 같다. 주가가 50~55달러에 걸친 매매 구간을 뚫고 58달러까지 오르면 이전의 저항점인 55달러가 지지 구간이 된다. 단기 투자자는 하락 시에 55달러가 무너지면 주식을 계속 보유하려고 하지 않을 것이다. 반면 장기 투자자는 지지 구간의 저점(50달러)이 깨지지 않는 한 계속 보유할 것이다.

정교한 투자자는 지지선과 저항선 개념을 활용하여 주가가 상승할 때 이익을 실현하기 위해 미리 매도가격을 정해둔다. 또한 대규모 하락 추세에서는 반등이 일어날 지점을 찾아서 공매도 포지션을 청산하거나(더 높은 가격에 공매도한 주식을 상환하기 위해 저렴하게 주식을 산다), 매수를 통해 새로운 투자를 계획한다.

이제 추세선, 지지선과 저항선이라는 기본적인 도구들을 연마했으니 차트 읽기의 가장 흥미로운 측면으로 나아갈 준비가 되었다. 그것은 시장의 주요 전환점을 알려주는 형태들이다.

차트 5. 아메리칸 토바코 : 지지선

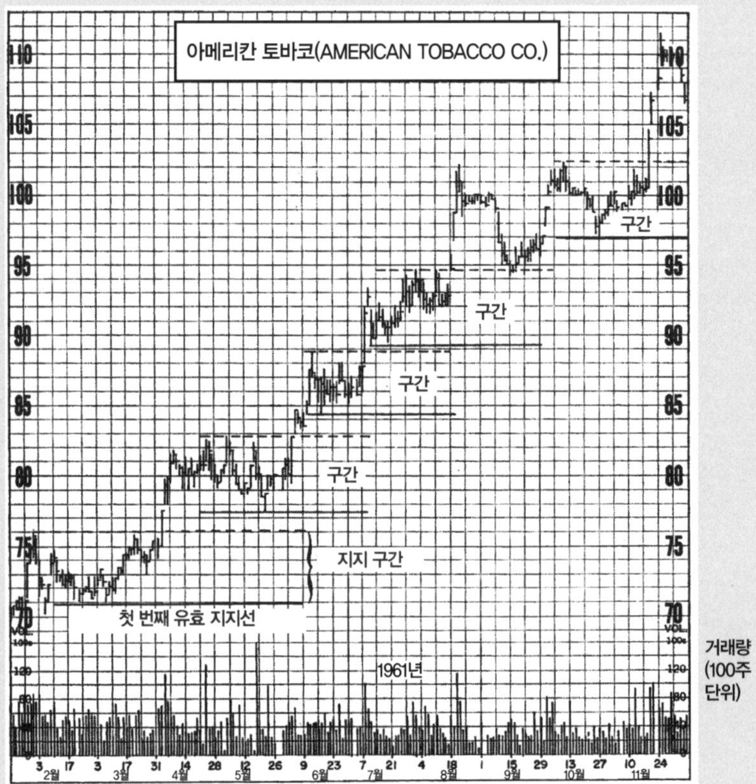
아메리칸 토바코(AMERICAN TOBACCO CO.)
110
105
100
95
90
85
80
75
70
구간
구간
구간
구간
지지 구간
첫 번째 유효 지지선
VOL.
100s
120
80
1961년
3
17
3
17
31
14
28
12
26
9
23
7
21
4
18
1
15
29
13
27
10
24
2월
3월
4월
5월
6월
7월
8월
9월
10월
11월
거래량
(100주
단위)

〈차트 5〉에서 볼 수 있는 상승은 실제로 1958년에 시작된 장기 상승 추세의 연장선이다. 이 차트는 지지 구간이 작용하는 양상을 보여주는 가장 이상적인 사례다. 주가가 새로운 고지대로 뚫고 올라간 후 형성된 지지 구간이 무너진 부분은 사실상 없다. 이는 드문 일이 아니다. 그러나 일간 차트를 분석해보면 지지 구간이 뚫리는 경우가 적지 않다는 사실을 알 수 있다. 이 형태의 중요한 부분은 '유효 지지선(수평선)'이다. 지지 구간의 저점을 나타내는 유효 지지선이 유지되는 한 배가 '순항' 중이라고 볼 수 있다. 주의할 점은 주가가 새로운 정체 구간을 돌파한 후에 '유효 지지선'을 그려야 한다는 것이다.

차트 6. 알루미늄 : 저항선

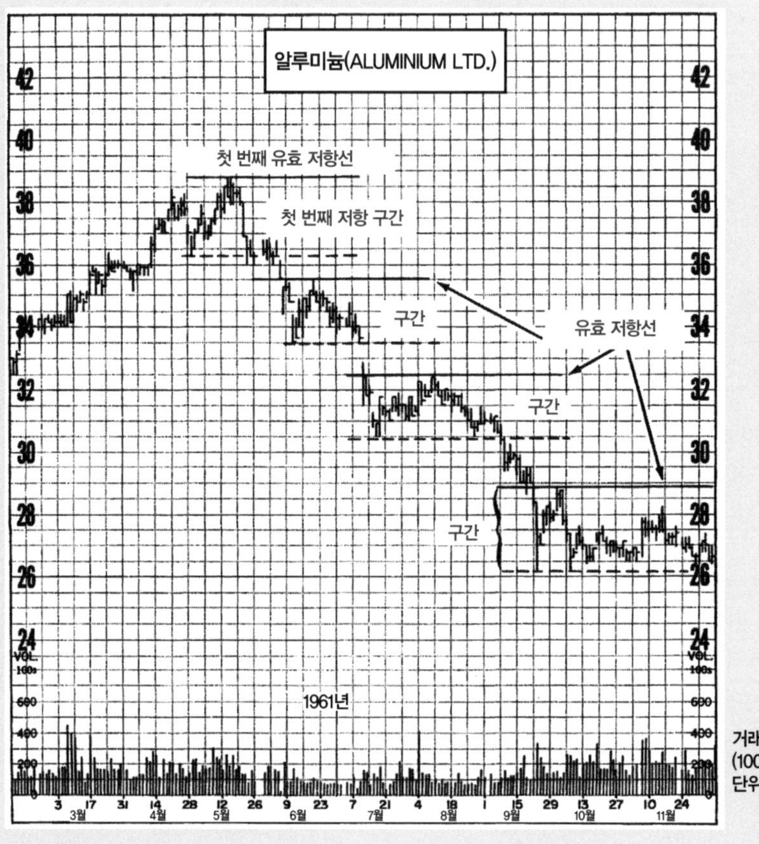
알루미늄(ALUMINIUM LTD.)
첫 번째 유효 저항선
첫 번째 저항 구간
구간
유효 저항선
구간
구간
1961년
거래량
(100주
단위)
42
40
38
36
34
32
30
28
26
24
VOL.
100s
600
400
200
0
3
17
31
14
28
12
26
9
23
7
21
4
18
1
15
29
13
27
10
24
3월
4월
5월
6월
7월
8월
9월
10월
11월

〈차트 6〉의 저항선은 〈차트 5〉의 지지선과 비슷하다. 6월부터 새로운 저점이 형성될 때마다 뒤이은 상승에도 뚫리지 않았다. 상승 추세에서 지지 구간이 뚫릴 가능성보다 하락 추세에서 저항 구간이 뚫릴 가능성이 더 적다. 그러나 '유효 저항선'은 여전히 하락 추세일 때 좀 더 지켜봐야 할 중요한 지점이다. 참고로 〈차트 6〉에서 흥미로운 '쐐기형' 고점이 나왔다. 이 형태는 10장에서 다룰 것이니 당분간은 무시하도록 하자.

차트 7. 유니버셜 오일 프로덕트 : 유효 지지선과 지지 구간

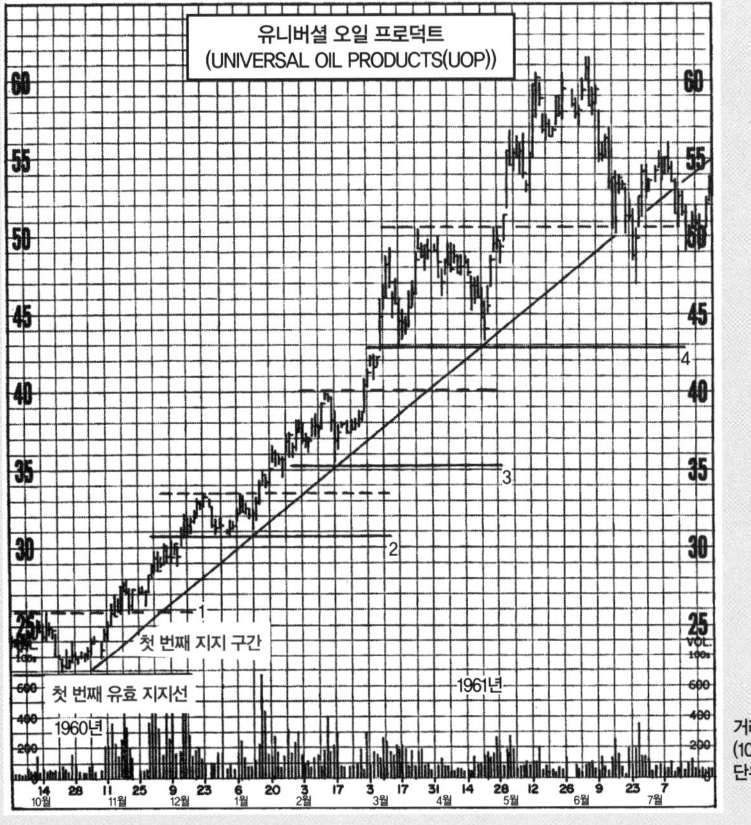

〈차트 7〉을 보면 UOP(Universal Oil Products)의 주가는 8개월이 채 안 되는 기간에 추세선을 깨뜨리거나 이전 지지 구간을 위협하지 않고 거의 3배로 올랐다. 지지 구간을 그리는 데 활용된 기법은 매우 단순했으며, 사후적 관점에 의존하지도 않았다. 주가가 정체 구간을 벗어나 신고점에 오를 때마다 저점을 따라 유효 지지선(직선)을 그릴 수 있다. 또한 지지 구간의 상단(점선)도 같은 정체 구간의 고점을 따라 그릴 수 있다. 지지 구간의 윤곽을 그린 후 유효 지지선은 1번부터 4번까지 번호를 붙여서 상승 추세를 표시했다.

모든 지지 구간은 1961년 6월까지 유지된다. 그러다 주가가 네 번째 또는 마지막 지지 구간 안으로 하락한다(그리고 추세선을 무너뜨린다). 이는 경고 신호로 해석할 수 있다. 그러나 유효 지지선(4번)은 주요 추세선이라기보다 지켜봐야 할 중요한 차트 선이 된다. 실제로 이 지지선은 계속 유지되었고, 1961년 말에 주가는 69달러에 이른다.

차트 8. 브룬스윅(주간 차트) : 지지선과 저항선

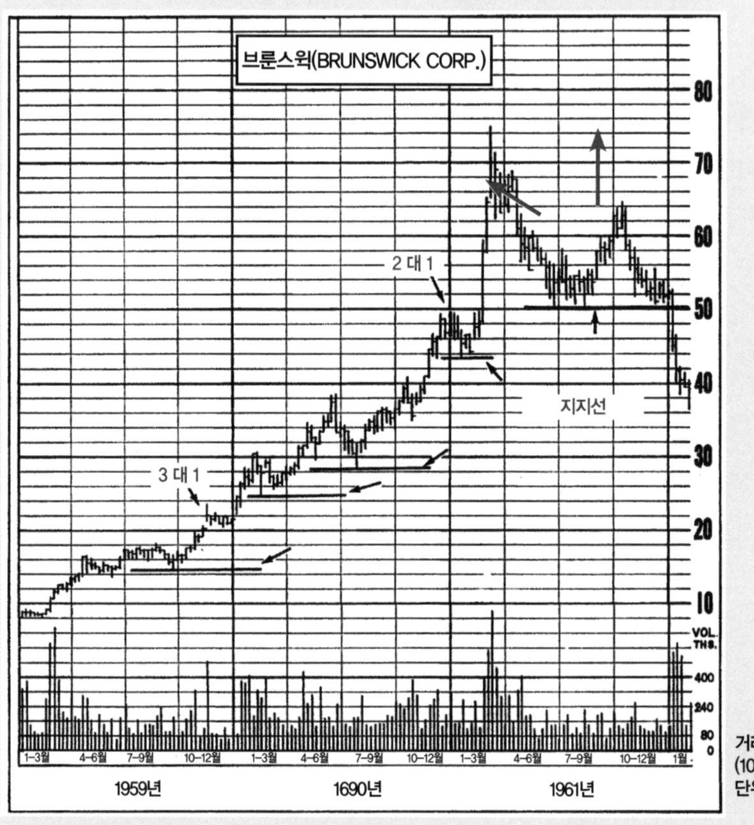

일간 차트에서 주가를 분석할 때 고려할 모든 사항은 주간 고가와 저가, 종가 차트와 월간 차트 같은 더 긴 기간의 차트에도 나타난다. 이 책에 나오는 여러 주간 차트 중 첫 번째는 브룬스윅의 주간 고가, 저가, 종가 차트다. 〈차트 8〉에서 볼 수 있듯이 브룬스윅의 주가(조정)는 1959년에 9달러였다가 1961년에 74.87달러까지 오른다. 1961년 2분기까지 유효 지지선은 무너지지 않으며, 추세도 크게 변하지 않는다. 중대한 약점의 첫 번째 징후는 위로 휘어진 추세선이 무너졌을 때 드러난다.

이 움직임은 2월과 3월에 엄청난 거래량을 동반하며 수직으로 상승했고, 이는 장기 상승의 클라이맥스일 가능성을 말해준다. 1961년 중반에 정체 구간(50~58달러)이 형성되며, 역대 최고점을 기록하기 위해 반등했지만 역부족이었다. 50달러에 형성된 지지선은 9주 동안 주가를 유지하는 데 도움이 되었지만, 결국 많은 거래량을 동반한 채 주가는 지지선을 뚫으면서 급락했다.

4장

헤드앤드 숄더

추세 반전을 알려주는 차트 패턴 중에서 '헤드앤드숄더(Head and Shoulders)'가 가장 잘 알려져 있다. 이 패턴은 종종 명확하게 나타나는데, 분석 대상에 속한 일부 차트가 전개되는 과정에서 거의 언제나 찾아낼 수 있다. 경험 많은 차트 분석가는 이 패턴을 매우 믿을 만한 지표들 중 하나로 인식하는 반면, 차트 분석 초보자들은 자신들의 이론을 시장에서 실제로 실험할 기회로 삼는다.

추상미술과 마찬가지로 헤드앤드숄더의 모양이 실제와 비슷할 것이라고 기대해서는 안 된다. (〈그림 16〉처럼 올바른 방향으로 진행되는) 헤드앤드숄더를 단순하게 표현하면 세 번의 연속적인 상승과 반락이 일어나고, 두 번째 파동이 다른 파동보다 높은 지점까지 이르는 모습을 보여준다. 세 번째 상승이 두 번째 상승의 고점까지 이르지 못하는 것은 주요한 상승 추세가 끝날 수 있다는 경고다. 반대로 하락 추세에 뒤집어진 모양으로 진행되는 역헤드앤드숄더는 상승 반전이 머지않았음을 말해준다.

그러면 헤드앤드숄더 고점의 세 단계를 자세히 살펴보자.

그림 16. 헤드앤드숄더

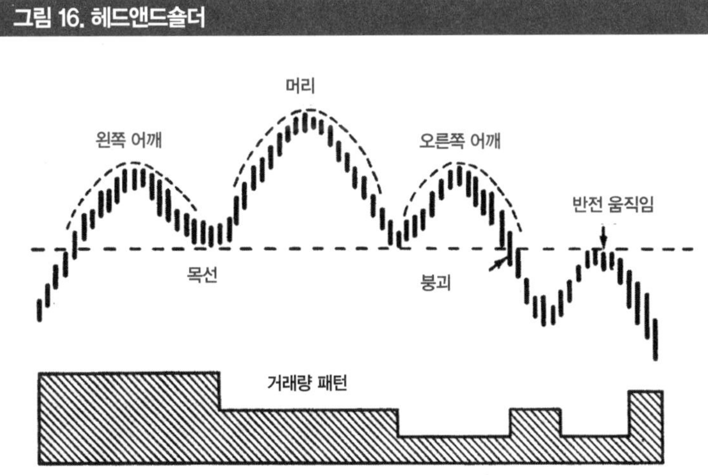

왼쪽 어깨 : 일정 기간 진행된 상승이 클라이맥스에 이른 후 반락이 나올 때 형성된다. 이때 거래량이 중요하다. 거래량은 주가가 상승할 때 현저하게 늘어나고, 반락 시에 뚜렷하게 줄어야 한다.

전체적으로 왼쪽 어깨가 형성되는 동안 거래량은 많다.

머리 : 두 번째 상승은 첫 번째 상승 때보다 주가를 높은 지점까지 밀어올린다. 그러나 뒤이어 반락이 일어나 상승분을 거의 모두 되돌린다. 그에 따라 주가는 이전 저점 근처에 머문다. 거래량은 상승 국면에서는 많다. 그러나 전체 거래량은 대개 왼쪽 어깨 단계만큼 많지 않다.

오른쪽 어깨 : 세 번째 상승은 머리의 고점까지 이르지 못하고 또 다른 반락으로 접어든다. 오른쪽 어깨의 형성은 약세를 드러내는 확실한 징표다. 이 영역에서 차트를 잘못 읽기 쉽다. 이때 오른쪽 어깨가 형성되는 동안의 거래량에 주목하면 이런 실수를 피할 수 있다. 주가가 상승할 때 거래량이 현저하게 줄어들면 상승세가 약화되었다는 강력한 증거로 보면 된다. 반면 거래량이 증가하면 가짜 신호로, 주의해야 한다. 그림이 아무리 이상적으로 전개되고 있다고 해도 말이다.

주가가 왼쪽 어깨와 오른쪽 어깨의 저점을 잇는 선 아래로 떨어지기 전에는 헤드앤드숄더가 완성되었다고 생각하지 말아야 한다. 이 선은 목선(Neckline)이라고 부른다(수준 높은 분석가들은 목선이 위로 기울었는지, 아래로 기울었는지, 평평한지에 따라 차이가 있다고 생각한다. 그러나 이는 논쟁의 여지가 있으며, 어쨌든 여기서 신경 쓸 필요는 없다).

헤드앤드숄더가 완성된 후 대개 주가가 목선까지 다시 오른다. 이를 '복귀 움직임(Return move)'이라고 부른다. 어떤 주식이 이런 움직임을 보일지는 전반적인 시장의 상황에 좌우된다. 전체적으로 시장이 강하게 상승 반전한다면 해당 주식의 복귀 움직임이 이뤄질 가능성이 크다. 반면 장세가 약하면 복귀 움직임이 이뤄지지 않는다.

이런 연관성은 해당 주식이 속한 업종의 추세에도 적용된다. 예를 들어 해당 업종이 석유 업종이고, 관련 종목들이 상승하면 복귀 움직임을 기대할 수 있다. 이처럼 외부 요소를 고려해야 하므로 불변의 법칙으로 제시하는 것은 타당하지 않다.

역헤드앤드숄더

앞서 말한 대로 역헤드앤드숄더(헤드앤드숄더 바닥형)는 상승 추세가 아니라 하락 추세의 끝을 나타낸다는 점을 제외하면 차트에서 헤드앤드숄더와 정확히 같게 보인다. 그러나 거래량 패턴은 다소 다르게 진행된다.

거래량은 모든 패턴의 유효성을 판단하는 데 중요한 역할을 하기 때문에 역헤드앤드숄더의 구성 요소를 살펴볼 필요가 있다.

그림 17. 역헤드앤드숄더

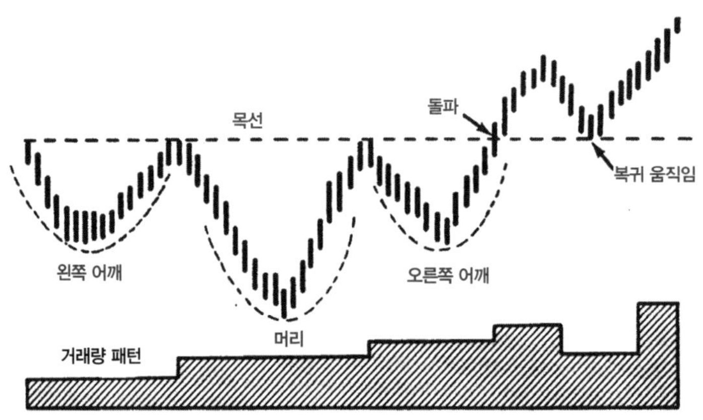

왼쪽 어깨 : 하락 추세가 한동안 진행되다가 급격히 하락하면서 정점에 이른 후 상승이 이뤄진다. 거래량은 하락 시에 상당히 늘어나고 상승 시에 뚜렷하게 줄어든다.

머리 : 두 번째 하락이 주가를 왼쪽 어깨의 저점 아래로 끌어내린다. 뒤이어 두 번째 상승이 주가를 이전 상승의 고점 근처로 되돌린다. 두 번째 하락에서 거래량은 증가하는데, 이전 상승 때보다 거래량은 늘어나지만 보통 첫 번째 하락할 때의 거래량과는 같지 않다. 거래량은 두 번째 상승 시 다시 늘어나야 하며, 머리가 형성

되는 동안 전반적인 거래량은 왼쪽 어깨가 생기는 동안의 거래량보다 약간 많다.

오른쪽 어깨 : 세 번째 하락은 두 번째 하락의 저점에 이르지 않고 또 다른 상승이 이뤄진다. 거래량은 이 하락에서 확연하게 줄어들다가 상승하면서 급증하며, 목선을 돌파할 때까지 높게 유지된다. 이는 모든 역헤드앤드숄더에서 매우 중요한 시험이다. 거래량이 받쳐주지 못하면 차트에서 그림이 아무리 이상적으로 전개되더라도 가짜 움직임일 가능성이 있으므로 주의해야 한다. 거래량이 받쳐주고 목선을 돌파하고 나면 패턴은 확실해진다.

다시 말하지만 복귀 움직임의 가능성과 관련하여 불변의 법칙 같은 것은 없다. 전반적인 시장 또는 구체적인 종목군의 추세가 상황에 영향을 미칠 수 있다. 복귀 움직임은 천장 패턴보다 바닥 패턴에서 이뤄질 가능성이 더 크다는 주장이 있지만 통계적 증거는 없다.

전개 양상

다른 모든 차트 패턴처럼 헤드앤드숄더는 특정한 환경에서 매수자가 매도자와 만날 때 발생한다. 그러면 헤드앤드숄더의 여러 국면에서 다른 집단의 투자자들이 심리적으로 (그리고 그들의 돈으로) 어떻게 반응하는지 그림으로 살펴보자. 그 전개 양상은 3막으로 된 연극에 빗댈 수 있다. 등장인물은 다음과 같다.

A그룹 : 상승 추세 이전 혹은 상승 추세 동안에 매수한 사람들로서 현재 주식을 처분하여 이익을 실현할 준비가 되어 있다.

B그룹 : 상승 추세를 놓쳤지만 기술적 조정기에 '저가' 매수할 준비가 되어 있다.

C그룹 : B그룹처럼 상승 추세를 놓치고 조정 시에 매수하고 싶어 하지만 너무 오래 기다리다가 시장이 신고점까지 오를 때 '발을 들인다'.

D그룹 : 상승 추세와 첫 번째 조정을 놓쳤지만 두 번째 조정을 저가 매수의 '마지막 기회'로 삼는다.

E그룹 : C그룹에 속했지만 이 그룹은 언제든 매도할 생각을 갖고 있다. 그들은 신규 매수 종목에서 장부상 손실이 나자 '주가가 본전 수준까지 올라오거나 작은 손실만 보고 팔겠다'고 결정했다.

F그룹 : A그룹에서 남은 사람들에 더하여 다른 각 그룹에서 조금씩 거래한 사람들로서 현재 모두 손실이 난 상태다.

다음은 극이 전개되는 과정을 그림으로 나타낸 것이다.

그림 18. 헤드앤드숄더 전개 양상

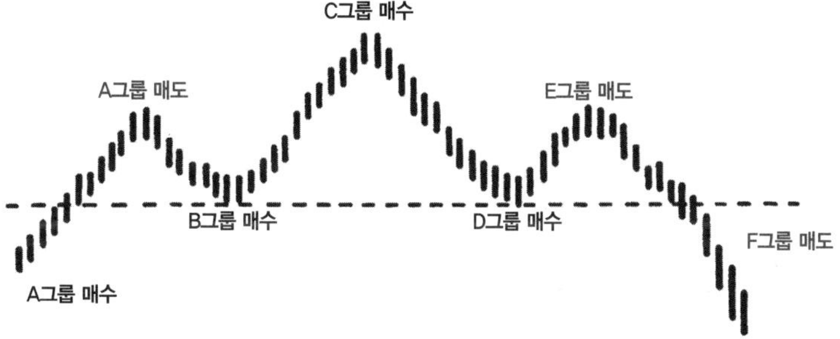

르누아르보다는 피카소에 가까운

앞서 말한 내용을 다시 한번 강조하자면 '헤드앤드숄더'는 시장 행동의 패턴을 가리키는 용어로서는 매우 추상적이고 상상력이 많이 들어간다는 것이다. 사람과 다른 예측 불가능한 요소를 수반하는 모든 행동 패턴과 마찬가지로 차트의 형태는 엄격한 공식을 따르지 않는다. 때로는 머리가 지점이나 곡선이 아니라 평평하게 '횡보 정체 구간'으로 나타나기도 한다. 또한 때로는 어깨가 변형되어 양쪽의 균형이 맞지 않기도 한다. 그리고 때로는 복합 헤드앤드숄더가 형성되기도 한다. 즉 작은 패턴이 큰 패턴 안에 담기거나, 왼쪽 어깨나 머리 또는 오른쪽 어깨가 2개가 되기도 한다. 피카소의 그림에 거액을 지불하는 사람들은 이런 모양에 놀라지 않을 것이다(차트 변형은 〈그림 19〉 참고).

이런 변형에도 불구하고 기민한 차트 분석가는 기본적으로 전형적인 헤드앤드숄더와 비슷한 시장의 실제 행동 패턴을 감지할 수 있다. 만약 유사성이 존재하면 추세 반전의 지표로 삼을 수 있다.

그림 19. 복합 헤드앤드숄더 형태

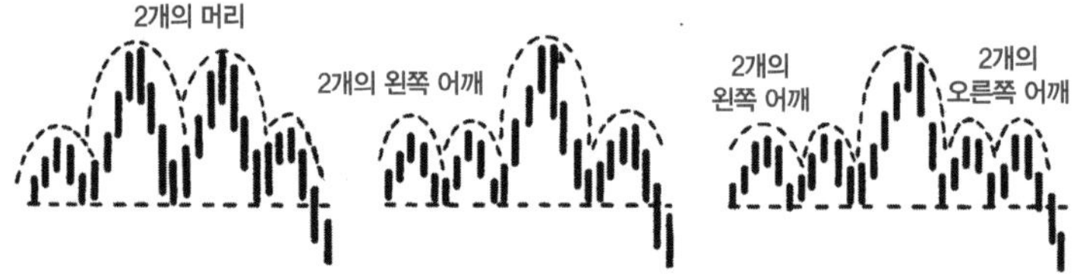

목표 주가

지금까지 우리는 상승하던 주가가 떨어지거나 그 반대의 가능성을 나타내는 반전 패턴인 헤드앤드숄더를 파악했다. 여기서 또 다른 중요한 질문이 제기된다. (추세가) 얼마나 멀리 나아갈까?

이제 우리는 기차에 탑승하기(즉 상승하는 주식을 매수하거나 또는 하락하는 주식을 공매도하기)에 충분한 지식을 얻었다. 그러면 어디에서 내려야 할까? '이동을 예측'하거나, '목표 주가를 계산'하려면 여러 요소를 부지런히 평가해야 한다. 여기서는 같은 주제를 다룬 이전 글들보다 더 자세히 이 요소들을 살펴볼 것이다. 그럴 만한 가치가 있기 때문이다. 매번 주가 등락의 목표치를 정확하게 맞출 수는 없다. 그러나 연습하면 타율을 높일 수 있다.

그림 20. 최소 목표 주가

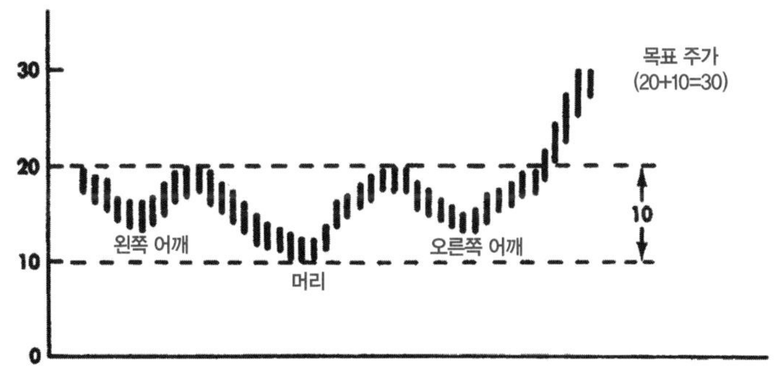

헤드앤드숄더 형태에 적용되는 일반적인 어림법은 패턴이 완성된 후 반전된 추세는 적어도 머리의 천장에서 목선에 이르는 거리만큼 나아간다는 것이다(〈그림 20〉 참고). 이 규칙은 분석가들에게 잘 알려져 있지만, 충분히 멀리 나아가지 않는다. 가능한 목표 주가에 대한 우리의 선택은 다른 기술적 요소들을 고려해야 한다. 이 요소들을 중요도에 따라 나열하면 다음과 같다.

1. 전체 시장의 상황은 어떠한가?
2. 현재 주가는 해당 종목의 역사적 가격 범위 내에서 어느 위치에 있는가?
3. 어디에서 주요 지지선 또는 저항선과 만나는가?

그림 21. 목표 주가 찾기

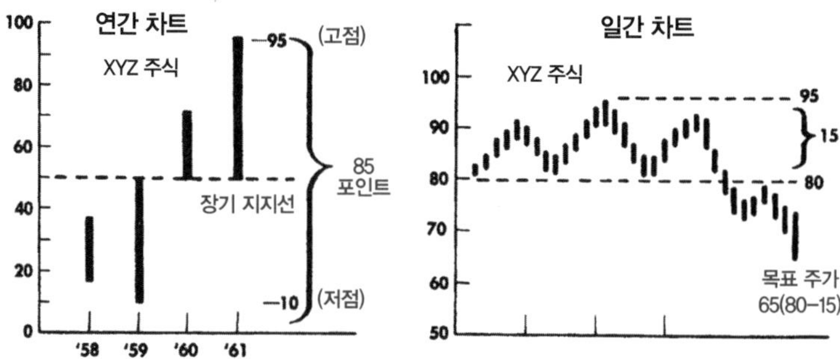

연습을 위해 XYZ 종목이 분명한 헤드앤드숄더 패턴을 완성했다고 가정하자(〈그림 21〉 참고). 매도해야 할까? 그렇다면 언제 재매수해야 할까?

하락폭이 작고 장기 매수할 생각이라면 매도할 필요가 없다. 하락폭이 중간 수준이면 매도를 고려할 수 있다. 그래도 여전히 매도하지 않기로 결정할 수 있다. 투자 수익에 대해 양도소득세를 내야 하기 때문이다. 반면 대규모 하락이 임박했다면 발을 빼야 한다.

그러면 한번 따져보자. 이륙해도 안전할지 점검 목록을 살피는 비행기 조종사처럼 우리도 점검 목록(앞의 질문 1, 2, 3)을 하나씩 살펴서 계속 보유할지 매도할지 판단해보자.

1. 시장 전체가 결정적인 단서를 제공하지 않는다. 지수는 투자자들의 까다로운 선택과 함께 불규칙하게 '횡보'했다. XYZ가 속한 산업군의 주가는 혼조세를 보였다.

2. XYZ의 주가는 머리의 천장에서 95달러라는 역대 최고치를 기록한 후 오른쪽 어깨를 형성했다. 뒤이어 80달러에서 목선을 뚫고 내려갔다가 반등하여 현재 80달러에 걸쳐 있다. 3년 전에 기록한 역대 최저치는 10달러였다. 즉 3년 동안 고점까지 850% 상승했다는 뜻이다. 그렇다면 명백히 XYZ의 주가는 역사적으로 높은 수준이며, 하락할 여지가 많다. 과연 그럴까?

3. 장기 차트에서는 마지막 주요 영역에서 50달러 수준에서 상당한 매매가 이뤄지며 '정체' 혹은 '보합' 구간을 보여준다. 이보다 높은 지점에서는 다른 주요 지지선이 보이지 않는다. 따라서 이전 장에서 언급한 또 다른 잠재적 지지 구간이 존재한다. 그에 따르면 주가는 대규모 등락의 50%만큼 되돌려진 후 지지선이나 저항선을 만나는 경우가 많다.

계산은 쉽다. XYZ의 주가는 3년 동안 10달러에서 95달러까지 85달러 상승했다. 85달러의 절반은 42.5달러다. 95달러에서 42.5달러를 빼면 52.5달러가 된다. 이 수치는 강력한 지지세를 나타내는 50달러선과 매우 가깝다. 그래서 후자의 수치에 의존하는 편이 낫다.

하지만 우리는 아직 헤드앤드숄더 형태 이후의 등락에 대한 일반적인 규칙을 고려하지 않았다. 이 사례에서 머리(95달러)와 목선(80달러)의 간격은 15달러다. 그래서 주가가 65달러까지 떨어질 것이라고 예측할 수 있다. 또한 주가가 52.5달러나 50달러까지 떨어질 가능성도 크다. 이런 점들을 토대로 최소 15포인트 하락했을 때 매도를 고려하는 것이 좋다.

헤드앤드숄더의 실패 패턴

지금까지는 완성된 패턴에 대해서만 논의했다. 즉 모든 사례에서 주가가 목선을 뚫었다. 그래서 우리는 향후 주가가 어디로 나아갈 가능성이 큰지 알고 있다. 그러나 헤드앤드숄더 형태 혹은 그 변형 중 하나가 완벽하게 정상적으로 전개되지만 목선을 뚫지 못하는 때가 있다(〈그림 22〉 참고).

그림 22. 헤드앤드숄더 실패 패턴

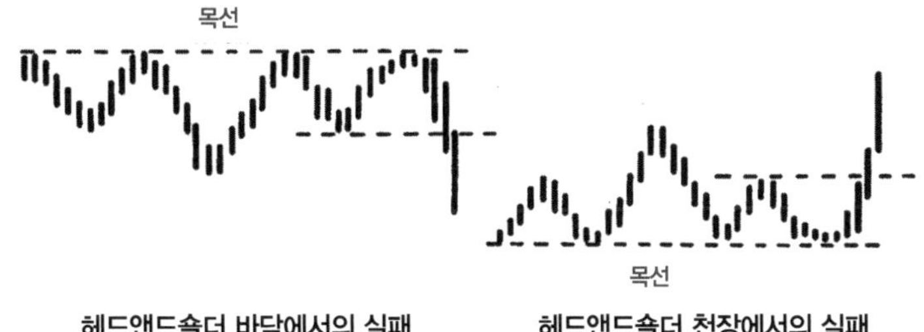

이 경우 주가는 방향을 정하지 못하고 '횡보'한다. 그래서 우리는 반전 패턴이 형성되지 않았고, 이 구간에서의 주가 변동이 어느 쪽으로든 중대한 추세를 준비하고 있음을 알고 있다.

이는 차가 눈이나 진창에 빠진 상황과 비슷하다. 운전자는 신중하게 기어를 바꾸면서 차를 앞뒤로 움직인다. 그러다가 제대로 탄력을 받으면 가속 페달을 밟아서 앞이나 뒤로 빠져나간다. 또는 적어도 그렇게 되기를 바란다.

헤드앤드숄더 실패 패턴에서 횡보 구간에서의 등락은 모멘텀을 형성한다. 그러다가 상단이나 하단이 뚫리는 적절한 순간에 주가가 추진력을 얻고 새로운 추세가 형성된다. 이런 형태는 큰 움직임을 뒷받침할 수 있다.

전술

이제 우리의 이론을 실전에서 활용할 때다. 검토 작업을 위해 이 장의 마지막에 6개 종목의 실제 사례를 제시할 것이다. 이 차트들은 목표 주가를 계산하는 데 있어서 흥미로운 차트 형태와 문제들을 살피기 위해 선택했다. 물론 다른 차트들도 도움이 되었을 것이다. 그러나 패턴들이 기본적으로 비슷하다는 점을 감안하면 원칙과 결과는 다르지 않을 것이다.

우리의 헤드앤드숄더 이론 그리고 해당 사례에 대한 연구는 명백한 결론을 제시한다. 그것은 일반적으로 주가가 목선을 뚫을 때 투자에 나서야 한다는 것이다.

그러나 기민하고 경험 많은 투자자는 오른쪽 어깨가 형성되는 동안 미리 움직일 수 있다. 해당 형태가 완성될 것이라고 믿을 만한 강력한 근거가 있다면 말이다.

다음과 같은 조건들이 충족되면 그 근거로 삼을 수 있다.

1. 현재 주가와 역사적 주가 규모의 관계는 이전의 긴 추세를 반전시키는 데 유리하다.

2. 이전의 추세가 강력한 지지선이나 저항선에 부딪혔다.

3. 거래량 지표가 헤드앤드숄더 형태에 적합하다.

4. 시장이 전반적으로 중립적이거나 헤드앤드숄더가 형성되기 이전에 해당 종목이 따르던 방향과 반대로 향하고 있다.

이 경우 투자자는 큰 등락의 천장이나 바닥에 근접한 지점에서 깔끔한 판단에 따라 행동을 취할 수 있다.

차트 9. 헬리 코일 : 헤드앤드숄더(천장)

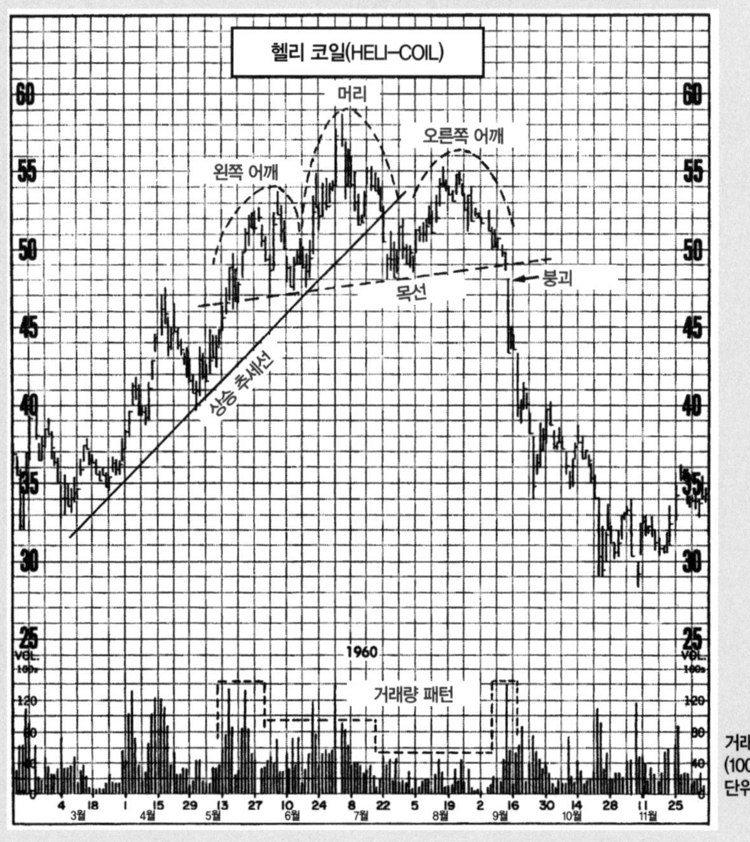

〈차트 9〉의 이 거대하고 분명한 헤드앤드숄더(천장) 패턴은 선이나 명칭을 넣지 않아도 쉽게 파악할 수 있다. 6월에 주가를 살피는 차트 분석가에게 거래량 패턴의 변화는 추세가 바뀔 수 있음을 알려준다. 신고점을 향한 상승은 5월의 이전 상승과 비교할 때 다소 줄어든 거래량을 수반한다. 뒤이어 7월 22일의 추세선 붕괴는 상승세가 반전될 위험이 있음을 나타낸다.

세 번째 중요한 단서는 아주 낮은 거래량에 오른쪽 어깨가 형성된 것이다. 마지막으로 유효한 지지선이었던 목선의 붕괴는 매도 압력(공급)이 매수 압력(수요)보다 크다는 것을 의심하게 만든다. 이 사례에서는 세 번째 단서, 즉 오른쪽 어깨가 매우 적은 거래량을 수반한다는 사실에서 패턴을 예측하고 천장에서 멀지 않은 지점에서 이익을 실현하기에 충분한 증거가 된다.

차트 10. 테크니컬러 : 헤드앤드숄더

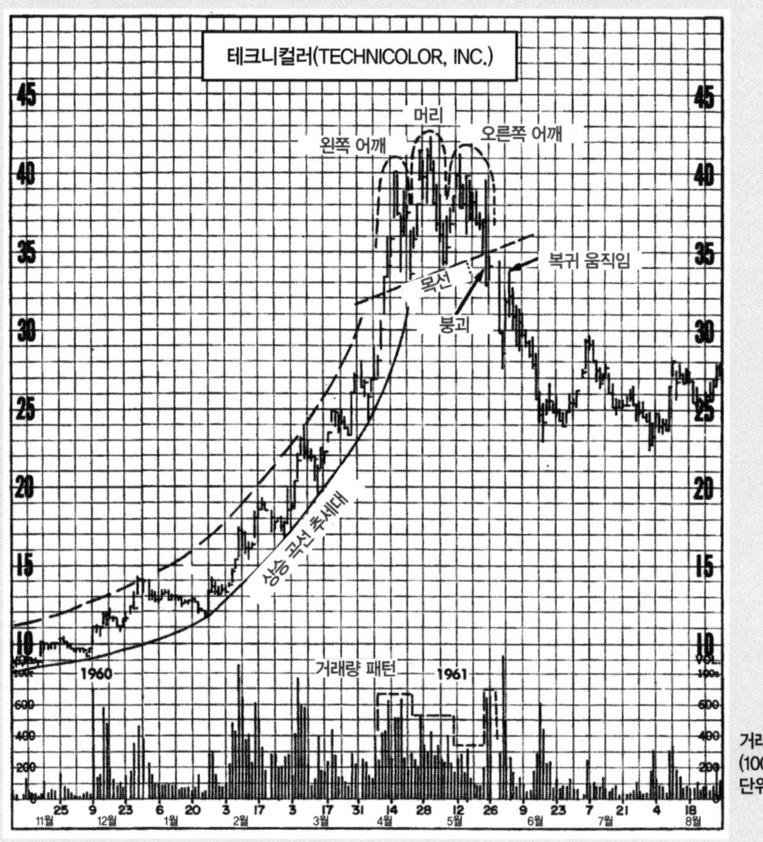

〈차트 10〉을 보자. 4월과 5월에 걸쳐 형성된 천장은 주가와 거래량 측면에서 거의 이상적인 헤드앤드숄더의 형태를 이룬다. 그러나 어깨들이 머리에 가깝다는 점(1~2달러) 때문에 삼중천장이라는 주장도 강하게 제기될 수 있다.

〈차트 10〉을 보면 주가는 분명하게 위로 휘어진 추세선과 추세대를 형성하는 것을 볼 수 있다. 또한 많은 거래량과 함께 주가가 수직 상승하면서 정점에 이른다. 왼쪽 어깨에서는 많은 거래량을 볼 수 있다. 이후 머리와 오른쪽 어깨 부분에서는 점차 매매가 줄어든다. 거래량은 목선이 붕괴하면서 늘었다가 다시 줄어든다.

차트에는 나오지 않지만 주가는 10월에 상승하여 천장 패턴(이제는 저항 구간)을 시험한 후 36달러 수준에서 재차 하락하여 최종적으로 21달러 수준까지 떨어졌다.

차트 11. 클로웰 콜리어 : 복합 헤드앤드숄더

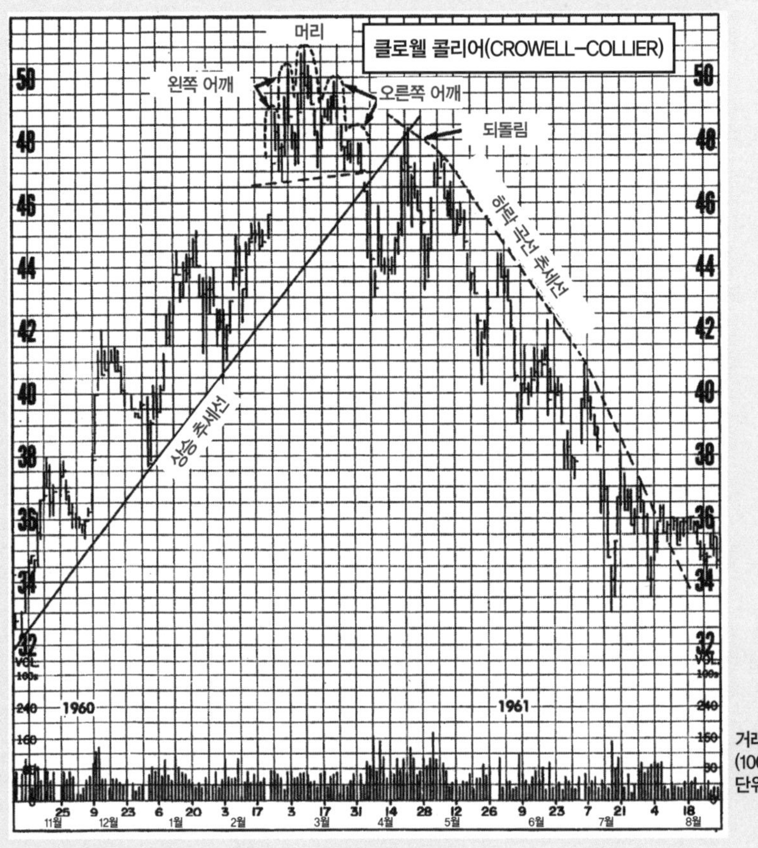

모든 형태가 이렇게 분명하다면 차트 읽기는 식은 죽 먹기일 것이다. 〈차트 11〉을 보면 11월부터 3월까지 주가는 달라붙은 것처럼 상승 추세선을 따른다. 그러다가 작은 헤드앤드숄더가 형성되고 주가는 목선과 긴 상승 추세선을 동시에 뚫으며 추세가 반전된다. 이후 주가는 밀접하게 아래로 휘어진 추세선을 따른다.

여기 나오는 헤드앤드숄더(천장)는 두 개의 왼쪽 어깨와 두 개의 오른쪽 어깨를 갖고 있어 흥미로운 대칭성을 보여준다. 그러나 헤드앤드숄더의 전형적인 거래량 패턴은 보이지 않는다. 이 점은 이 형태를 삼중천장으로 보는 주장을 뒷받침한다.

또한 '복귀 움직임'이 목선에서 멈추지 않고 정확하게 이전의 대규모 상승 추세선에서 멈췄다는 점에 주목할 필요가 있다. 이는 추세선 돌파에서 흔히 볼 수 있는 자성을 지닌 되돌림 효과를 나타낸다. 이를 헤드앤드숄더로 보든 삼중천장으로 보든 주가 예측에 미치는 영향은 같다.

차트 12. 바 크리스 컨스트럭션 : 복합 헤드앤드숄더

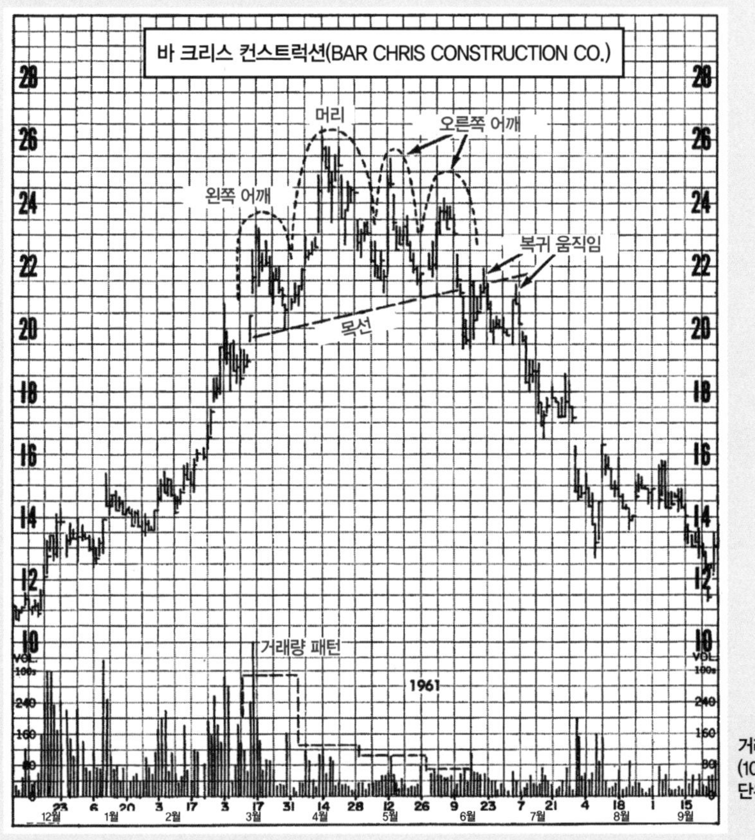

〈차트 12〉는 상승 곡선 추세선이 정점에 이른 후 헤드앤드숄더 천장으로 이어진 또 다른 차트다. 이 차트를 보면 왼쪽 어깨는 하나뿐이지만 오른쪽 어깨는 두 개다. 우연히도 6월에 목선이 무너진 후 두 번의 복귀 움직임이 나왔다. 이 움직임은 두 개의 오른쪽 어깨와 균형을 맞추는 듯 보인다. 하지만 이를 전형적인 형태로 보면 안 된다. 사실 헤드앤드숄더(천장)는 대개 복합 변형이라도 복귀 움직임을 갖지 않는다. 이 천장은 상당히 강력한 것으로 드러난다. 1962년 2월에 주가는 9달러까지 떨어지면서 1961년 상승분을 완전히 지워버린다. 이 책을 다 읽고 나서 이 차트를 다시 보면 깃발형, 페넌트형, 삼각형, 측정 갭, 소진 갭을 찾을 수 있을 것이다.

차트 13. 옥시덴털 페트롤리움 : 복합 역헤드앤드숄더

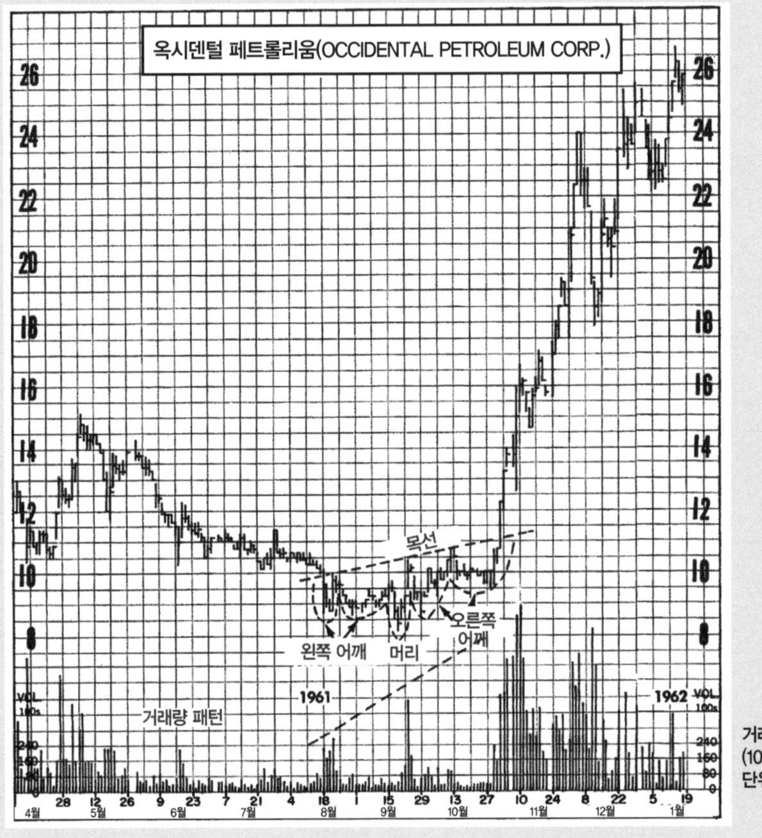

〈차트 13〉에서 볼 수 있듯이 이 역헤드앤드숄더(바닥)는 두 개의 왼쪽 어깨, 하나의 머리, 두 개의 오른쪽 어깨를 가졌으며, 위로 경사져 있다. 또한 엄청난 거래량과 함께 목선을 돌파했으며, 돌파 이후 목선으로 돌아오려는 복귀 움직임은 없다.

주가는 사실상 중단 없이 과열된 거래량을 동반하며 24달러에 이르면서 3주 만에 약 3배로 뛰었다. 이렇게 많은 거래량과 함께 상승 속도가 느리다면 부정적으로 보일 것이다. 시급한 수요를 충족할 만큼 공급이 충분하다는 뜻이기 때문이다.

보다 앞선 차트 분석가는 복합 역헤드앤드숄더 안에 형성된 작은 다이아몬드의 형태를 파악했을 것이다. 이 사례에서 다이아몬드형 패턴은 더 긴 패턴에 가려졌으며, 차트상에서 별다른 의미가 없다. 특히 삼각형을 비롯한 다른 패턴들도 종종 헤드앤드숄더 안에서 형성된다.

차트 14. 베리언 어소시에이츠 : 헤드앤드숄더 실패 패턴

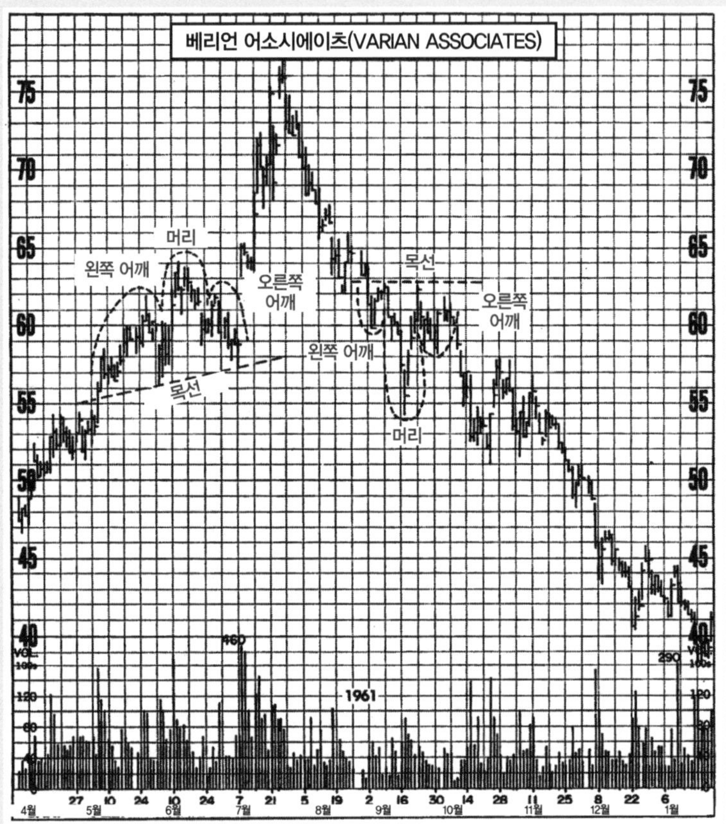

〈차트 14〉에서는 두 개의 흥미로운 헤드앤드숄더 실패 패턴을 담고 있다. 2월과 4월 사이에 하나의 헤드앤드숄더가 형성되는 듯 보인다. 주가는 '목선'을 시험하며 내려간다. 그러다가 4월 8일에 엄청난 거래량과 함께 전일 종가보다 4달러 높은 시가를 기록한다. 이후 주가는 오른쪽 어깨와 머리를 넘어 급등하면서 강력한 상승세를 드러낸다.

(6월에) 다시 같은 수준에 이른 주가는 역헤드앤드숄더를 만들려고 시도한다. 그러나 목선을 돌파하지 못하고 급락하면서 신저점을 찍는다. 그에 따라 하락세가 시작되었음을 알린다(7장을 읽은 후라면, 천장에서 진정한 V형을 파악할 수 있을 것이다).

5장

이중천장과 이중바닥

이중천장과 이중바닥은 매우 익숙하지만, 매우 속기 쉬운 패턴이다. 경험 많은 분석가들은 오랫동안 이 패턴들을 전환점이나 반전할 때의 시장 행동을 나타내며, 따라서 가치 있는 패턴으로 인식했다. 초보자들도 이 패턴들을 좋아한다. 사방에서 이중천장과 이중바닥이 보이는 것 같기 때문이다.

이중천장(〈그림 23〉 참고)은 글자 M을 닮아서 M자형으로 불린다. 이 패턴에서 주가는 전환점인 A지점까지 급등하다가 B지점까지 일시적으로 하락한다. 이후 A지점과 비슷한 C지점까지 상승한 다음 이전 반락의 저점인 B지점 아래까지 하락한다. 한편 이중바닥은 쉽게 예상할 수 있겠지만 W자형으로 불린다.

그림 23. 이중천장과 이중바닥

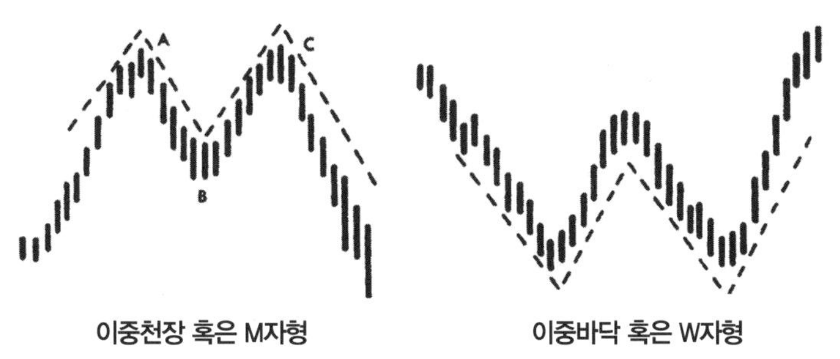

일간 차트에서 정상적인 주가 변동은 지그재그 형태로 나타난다. 그래서 초보 분석가들은 모든 변동에서 이중천장이나 이중바닥을 읽으려는 경향이 있다. 실제로는 이중천장이나 이중바닥처럼 보이기 시작한 후 진정한 패턴으로 끝나는 경우는 아주 드물다. 게다가 진정한 패턴은 추세 반전이 확연해지고 주가가 이미 크게 움직이기 전까지는 진단하기 쉽지 않다.

여기서 잘못 분석하는 주된 원인 중 하나는 앞장에서 지적한 대로 주가는 대체로 이전 고점에서 저항선을, 이전 저점에서 지지선을 만나기 때문이다. 그래서 종종 멈칫하거나 약간 물러선다. 그러나 이는 일시적인 중단에 불과할 수 있다. 주가는 해당 지점에서 대기 중이던 모든 공급과 수요를 흡수한 후 쉽게 해당 수준을 넘어서 진전을 재개할 수 있다. 초보자에게는 주가가 멈칫하는 모든 지점이 M형의 고점이나 W형의 저점처럼 보인다. 대개 이는 일군의 다른 차트 패턴 중 하나 안에서 이뤄지는 일상적인 주가 변동에 불과하다.

그러면 시장 심리 측면에서 진정한 이중천장을 살펴보자. 첫 번째 고점은 모든 수요를 충족할 만큼 거대한 물량이 시장에 나오고 약간의 반락이 이뤄지는 지점에 해당한다. 이 반락은 여러 복합적인 동기를 바탕으로 하는 매도를 반영한다. 예를 들어 이익을 실현하려는 매우 폭넓은 결정이나 다양한 이유로 주가가 당분간 오를 만큼 올랐다는 근거 있는 관점이 그 동기가 될 수 있다.

반락 이후 '나약한' 보유자들은 고점에서 매도할 기회를 놓쳤다고 생각할 수 있다. '저가 매수자'와 다른 기회주의자들이 들어와 주가를 전고점까지 되돌리면 첫 번째 고점을 놓친 매도자들은 급히 보유 물량을 처분한다. 게다가 처음에 매도한 사람 중 일부는 같은 가격에 제공할 더 많은 주식을 갖고 있다.

따라서 다시 주가를 밀어내릴 만큼 공급이 충분히 늘어난다. 이때 주가가 반락할 때 전저점 아래로 내려가면 천장 구간에서 수요가 충족되면서, 여전히 수요보다 공급이 많다는 사실이 분명해진다. 따라서 상승 가능성이 배제되면서 가장 저항이 작은 경로인 아래로 향한다.

거래량

이중천장의 정상적인 거래량 패턴은 각 고점 근처에서 거래량이 뚜렷하게 늘어나는 것이다. 그러나 중요한 사실은 유효한 이중천장과 이중바닥을 연구한 결과 거래량 패턴에서 상당한 변화가 나타났다는 것이다. 예를 들어 하나의 고점에서는 거래량이 적다가 다른 고점에서는 많을 수 있다. 실제로 일부 강력한 고점과 저점은 특이하게 적은 거래량을 수반하면서 형성된다. 최선의 규칙은 이것이다. 하나 또는 두 개의 고점 근처에서 거래량이 많거나, 눈에 띌 정도로 감소하는 이례적인 변화는 이중천장이나 이중바닥이 전개되는 것으로 확증할 수 있다.

변형

일간 차트에서 형성되는 많은 이중천장을 보면 한 고점이 다른 고점보다 약간 높지만, 여전히 진정한 반전 패턴을 나타낸다(〈그림 24〉 참고). 때로 이중천장이나 이중바닥을 완성하는 주식이 주춤거리면서 작은 플랫폼 또는 정체 구간을 형성한 후 주된 움직임을 진행하는 경우가 있다. 이런 경우는 이중바닥에서 더 자주 발생한다. 플랫폼은 W의 중간 지점을 약간 넘어선 구간 혹은 돌파 구간에서 형성된다.

그림 24. 플랫폼을 지닌 이중바닥과 이중천장

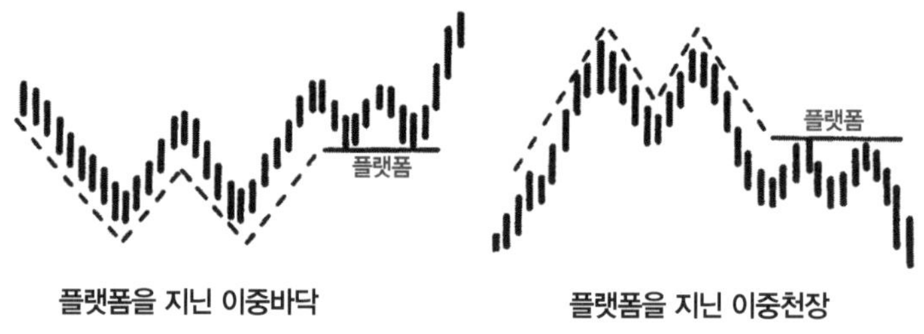

삼중천장이나 삼중바닥도 잘 알려져 있는데, 주간이나 월간 차트에서는 다소 드물지만 일간 차트에서는 유효한 변형(〈그림 25〉 참고)이다. 이 패턴의 경우 주가는 이중천장을 형성하는 패턴의 두 번째 고점에서 하락하다가 전저점 근처에서 지지 매수세와 마주친다. 이후 이 패턴은 하방 돌파로 이중천장 패턴을 완성하지 않고 상승한다. 그리고 세 번째 고점을 형성한 다음 다시 반락한다. 이 무렵에는 이전의 두 저점에 존재하던 수요가 대부분 소진되어 주가는 계속해서 하락한다. 거래량은 첫 번째 고점에서는 많고, 두

그림 25. 삼중천장과 삼중바닥

번째와 세 번째 고점에서는 비교적 적은 경향이 있다. 그러나 새로운 주요한 움직임의 방향이 정해지면 거래량은 다시 늘어난다.

시장 전술

보수적인 차트 분석가는 포지션을 취하기 전에 패턴이 완성되기를 기다릴 것이다. 보다 투기적인 성향을 가진 사람들은 변화를 예측하여 '천장 매도, 바닥 매수'를 시도할 것이다. 위험은 각자의 몫이다. 이때 주의해야 할 몇 가지 사항이 있다. 우선 작은 패턴, 즉 단기에 형성된 형태가 큰 움직임을 뒷받침할 것이라고 기대해서는 안 된다. 또한 처음에 지적한 대로 이중천장이나 이중바닥은 아주 경험 많은 차트 분석가라고 해도 예측하기 힘들다. 다만 다음 사항들을 만족시키면 위험을 최소화할 수 있다.

1. 주가가 첫 번째 고점의 약 5% 이상 하락했는가?
2. 첫 번째 고점 근처에서 거래량에 특이한 변화가 있었는가?
3. 해당 종목의 과거 차트를 볼 때 현 구간이 주요한 전환점인가? 예를 들어 장기 지지선이나 저항선이 예상되거나 주요 추세선이 무너졌는가?
4. 전체 시장이 하락 추세 혹은 적어도 중립적인가?

차트 15. 아메리칸 머신 앤드 파운드리(AMF) : 플랫폼을 수반한 이중바닥

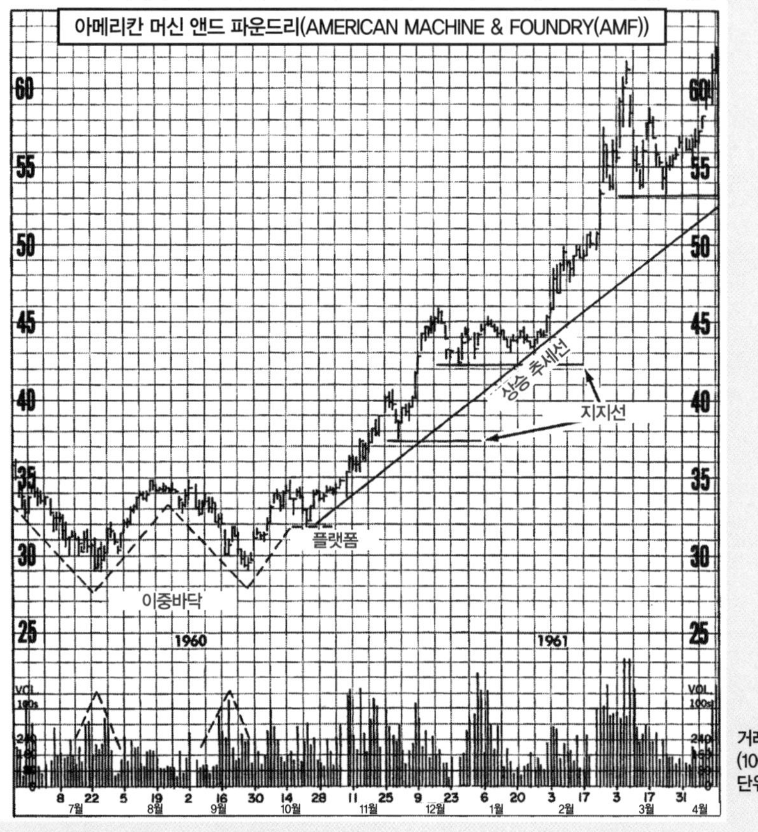

〈차트 15〉의 AMF 차트는 작은 플랫폼을 수반한 이중바닥의 또 다른 완벽한 예다. 거래량은 두 개의 저점 근처에서 약간 증가한다. 그러다가 플랫폼 형성 이후 상승하여 사실상 패턴을 완성하는 구간에서는 눈에 띄게 증가한다. 66달러나 상승하는 구간 내내 주요 추세선이나 지지선은 깨지지 않는다.

또 다른 흥미로운 지점은 1961년 5월이다(차트에 안 나옴). 이때 주가는 추세선과 107달러에 형성된 지지선을 깬 후 계속 하락한다. 그해 말에 70달러선을 돌파한 후 대다수 상승분이 완전히 되돌려진다(이 책을 다 읽은 후 이 차트를 자세히 분석하면 이 장에서 다루지 않은 다른 형태들, 즉 스윙 패턴과 쐐기형 그리고 헤드앤드숄더 실패 패턴을 찾을 수 있다).

차트 16. 리소나 : 이중천장

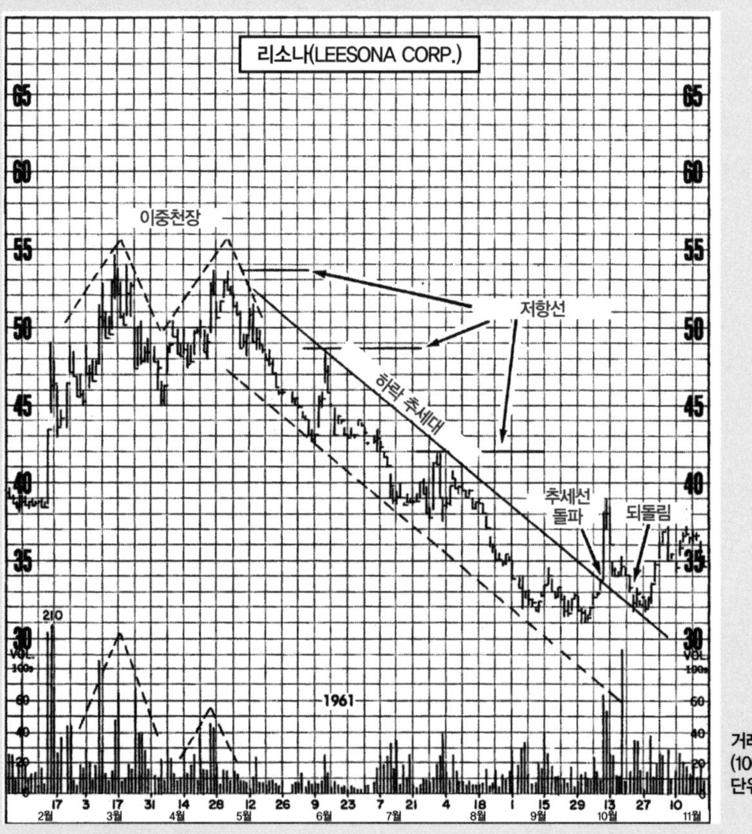

〈차트 16〉을 보면 3월에 형성된 첫 번째 고점은 12월에 33달러선에서 시작된 상승의 정점이다. 4월 고점을 향한 상승은 적은 거래량을 수반한다. 그래서 신고점을 돌파할 조짐이 약하다. 주가가 첫 번째 고점(54.63달러)에 접근할 때 거래량이 늘고 상승세가 꺾인다. 분명히 이 수준에서 공급이 수요보다 너무 많다. 그래서 하락세가 45달러 수준으로 떨어진다. 이후 주가는 이전 상승분을 모두 되돌리며 이중천장이 완성된다. 그에 따라 하락 추세대가 형성된다. 주목할 부분은 10월에 추세선을 돌파한 상승과 2장에서 설명한 자력 효과에 따른 이후의 되돌림이다. 또한 하락 구간에서 저항선이 절대 깨지지 않는 점에도 주목할 필요가 있다.

차트 17. 스탠더드 콜스먼 : 이중천장

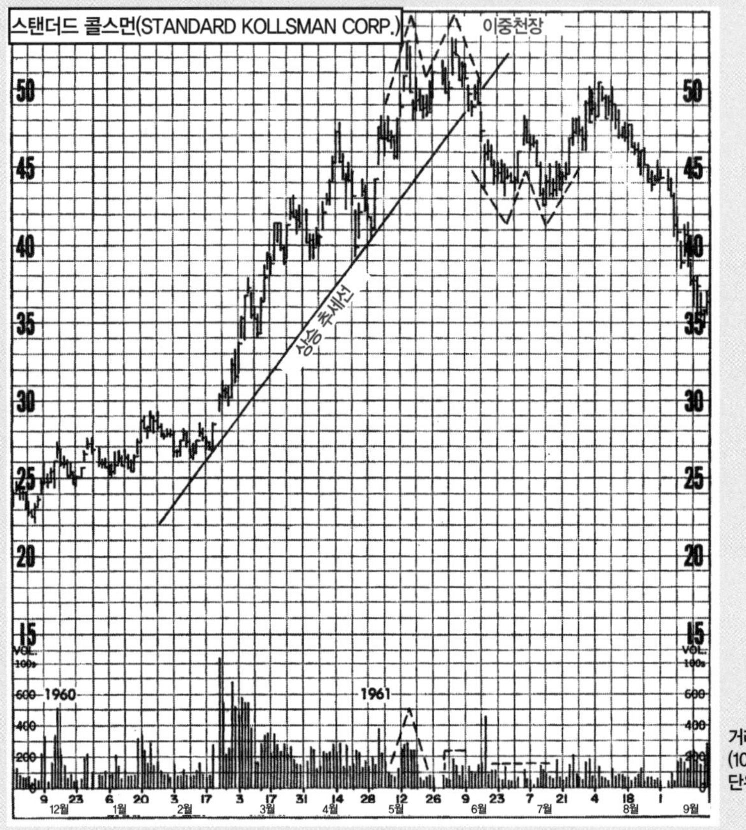

스탠더드 콜스먼(STANDARD KOLLSMAN CORP.)
이중천장
상승 추세선
50
45
40
35
30
25
20
15
VOL. 100s
600
400
200
0
1960
1961
9
23
6
20
3
17
3
17
31
14
28
12
26
9
23
7
21
4
18
1
12월
1월
2월
3월
4월
5월
6월
7월
8월
9월
거래량 (100주 단위)

〈차트 17〉을 보면 5월과 6월에 형성된 이중천장이 특히 흥미롭다. 이중천장이 완성된 직후에 주가가 이중바닥을 형성한 것으로 보이기 때문이다. 이 특이한 상쇄 패턴에서 시작된 상승은 이중천장에 도전하지만 미치지 못하고, 이후 고점에서 시작되어 중단된 하락이 재개된다.

이 두 패턴을 분석할 때 오랜 상승 후에 유효한 이중천장이 형성되었고, 천장의 완성 지점이 주요 상승 추세선도 깬다는 점을 고려해야 한다. 거래량은 첫 번째 고점에서는 많고 두 번째 고점에서는 적다. 두 번째 형태인 잠재적 이중바닥은 이중바닥이 형성될 가능성이 아주 낮은 지점에서 형성된다. 거래량은 두 저점 모두에서 적다. 뒤이은 상승은 다른 주요 지점을 지나지 않는다. 이 이중천장은 몇 번에 걸쳐 초조한 순간을 야기하지만 결국에는 유효한 신호로 증명되었다(1962년 2월에 주가는 29달러 아래로 떨어졌다).

차트 18. 제너럴 타이어 : 이중바닥 변형

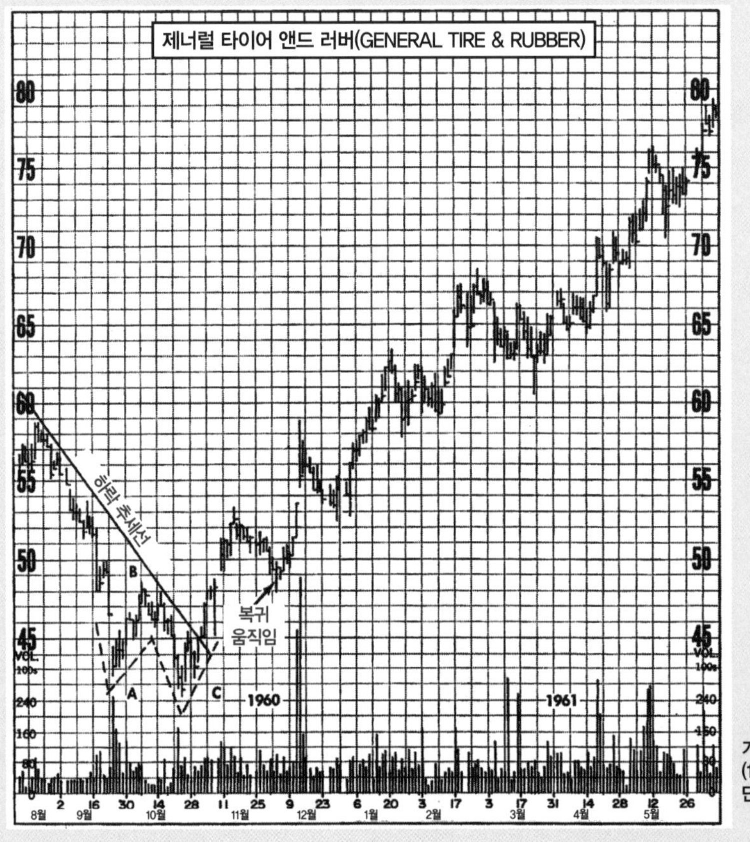

〈차트 18〉을 보면 11월에 주가가 10월 고점(B) 위로 상승하면서 패턴을 완성하기 전까지는 이 이중바닥 형태를 파악하기 (불가능하지는 않지만) 어렵다. 두 번째 저점(C)은 첫 번째 저점(A)보다 1달러 이상 낮다. 이 사실은 불확실성을 초래할 수 있다. 대부분의 이중바닥에서 두 번째 저점은 첫 번째 저점보다 약간 높다. 그러나 이 차트처럼 나오는 경우도 많다. 앞서 언급한 대로 "하나 혹은 두 개의 고점 내지 저점(바닥의 경우)에서 나오는 많은 거래량은 이중천장 또는 이중바닥의 전개를 확증하는 경향이 있다". 이는 첫 번째 단서다.

두 번째 단서는 11월 첫 주에 이뤄진 상승이다. 이 상승은 이전 고점들을 따라 그어진 하락 추세선을 깬다. 물론 뒤이어 B지점 위까지 지속된 상승은 바닥을 완성한다. C지점에서 시작된 상승이 B지점을 훌쩍 넘어섰기 때문에 B지점까지 떨어지는 반락은 복귀 움직임으로 간주된다.

차트 19. 라이오넬 : 삼중천장

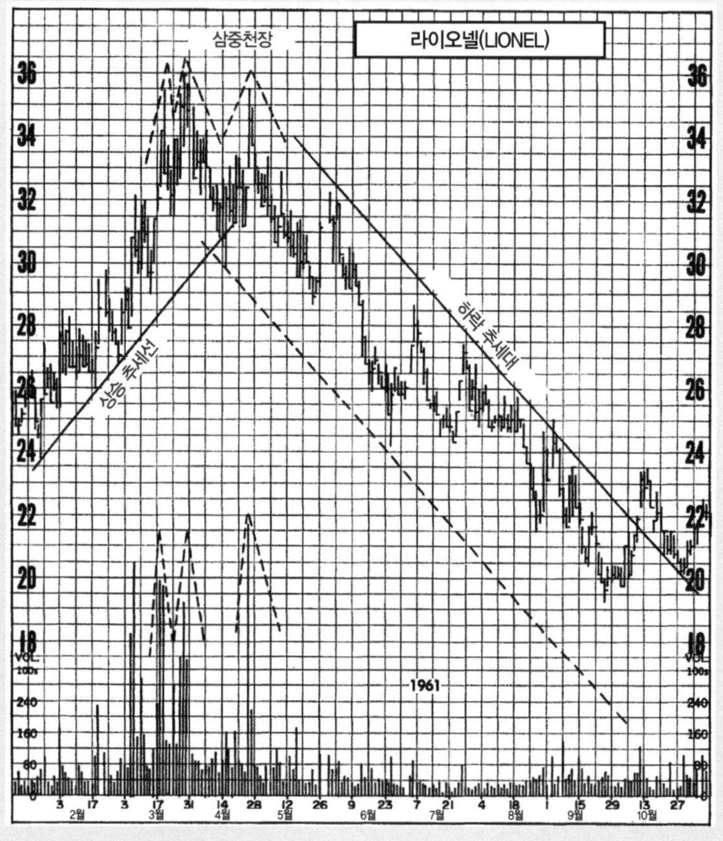

〈차트 19〉를 보면 라이오넬의 주가는 3월 21일에 역대 최고치인 35.5달러에 이르지만 전고점 아래에서 마감하면서 반전일(Reversal Day, 11장 참고)을 기록한다. 6거래일 후 주가는 반전일 고점보다 겨우 0.38달러 높은 35.88달러에서 신고점을 찍는다. 4주 후, 신고점을 향한 세 번째 시도는 35.5달러에서 저지된다.

각 고점은 특이하게 많은 거래량을 수반하며, 그에 다른 순효과로 삼중천장이 나타난다. 이전 장에서 삼중천장은 드물며, 흔히 이중천장의 변형으로 분류된다고 지적했다. 사실 처음 두 고점은 명확한 이중천장처럼 보인다.

이 패턴을 관찰한 차트 분석가는 주가가 세 번째로 신고점을 시도하는 것을 보고 흔들렸을 것이다. 그래서 세 번째 상승이 전고점들을 넘어서는 데 성공하지 못하면 계속 버텨야 했을지도 모른다. 뒤이은 하락 추세는 10월까지 추세선을 매우 밀접하게 따른다.

차트 20. 뒤퐁(주간 차트) : 이중바닥

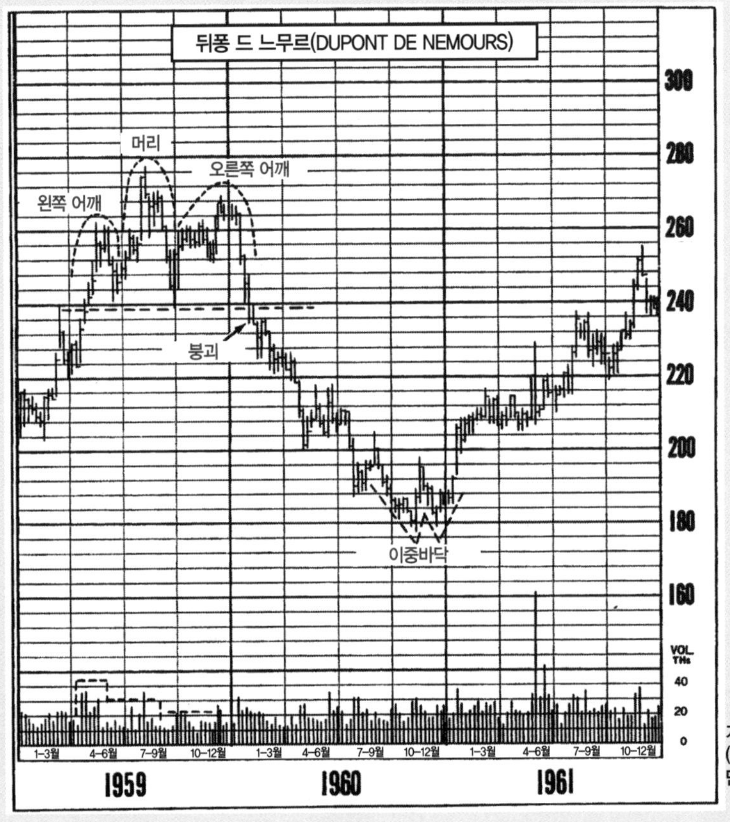

〈차트 20〉의 뒤퐁 차트는 일간 차트의 패턴이 주간 차트에서도 형성되는 양상을 보여주는 두 번째 사례다. 1960년대 말에 형성된 이중바닥은 주당 약 100달러만큼의 하락분을 되돌린다(이 사실은 '블루칩'도 하락할 수 있으며, '블루칩 중의 블루칩'인 뒤퐁도 예외는 아니라는 사실을 이해하지 못하는 '문외한들'에게는 약간 놀라울지 모른다). 약 177달러 부근에서 매수세가 주가를 20달러 끌어올린 후 주가는 다시 떨어져서 177달러선을 시험한다. 이때 177달러선 약간 위에서 다시 수요가 증가한다. 그다음 상승은 이전 고점을 넘어서면서 이중바닥으로 반전을 완성한다.

1959년에 형성된 고점을 살펴보면 헤드앤드숄더 패턴을 볼 수 있다(목선으로 돌아가는 복귀 움직임만 빠져 있다). 주가와 거래량 패턴은 둘 다 전형적이다. 그래서 이전 장에서도 사례로 삼을 수 있었다.

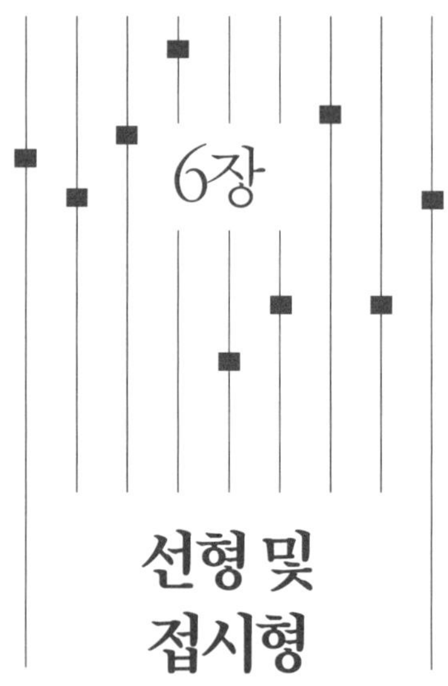

6장

선형 및 접시형

선형 및 접시형은 차트 분석가들이 꿈꾸는 패턴이다. 쉽게 파악할 수 있고, 신뢰도가 높으며, 일반적으로 광범위한 주가 변동을 미리 알려주기 때문이다. 게다가 무엇보다 뒤이은 등락의 바닥이나 천장 근처에서 포지션을 취할 충분한 시간을 제공한다. 다만 한 가지 큰 단점이 있는데, 활발하게 거래되는 인기 종목의 차트에서는 나오는 경우가 드물다는 것이다.

선형이 주요한 하단으로 진화할 때 '긴 바닥(Long base)'으로 불린다. 차트에서 보면 주가가 좁은 구간에서 길게 횡보하는 양상으로 나타난다. 그러다가 주가가 이전 구간을 훌쩍 넘어서 신고점으로 갑작스럽게 급등한다. 드물기는 하지만 선형이 '대천장'을 이루는 경우도 있다. 이는 서부의 메사(Mesa, 꼭대기가 평평한 언덕) 또는 고원처럼 보인다.

그림 26. 선형

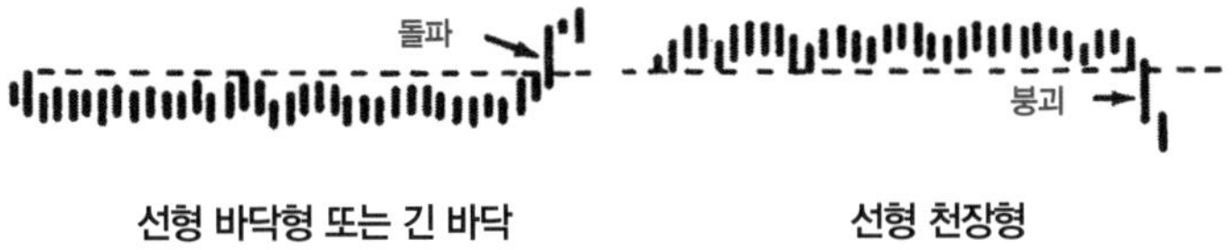

돌파
붕괴

선형 바닥형 또는 긴 바닥　　　　선형 천장형

접시형 또는 '원형 전환'은 선형과 밀접한 관계가 있지만 나름의 특성을 지니며, 훨씬 빠르게 형성될 수 있다(<그림 27> 참고). 접시형을 이룰 때 주가는 점차 위(바닥 형태일 때) 또는 아래(천장 형태일 때)로 휘어진다. 물론 이 곡선은 앞으로 나올 대규모 움직임의 방향을 알려준다.

또 다른 외형적인 특징이 있다. 대다수 접시형(모두는 아니지만)은 주된 움직임이 전개되기 전에 수평이거나 기울어진 선으로 이뤄진 손잡이 또는 플랫폼을 만든다. 그래서 이 형태를 냄비형이라고 부르기도 한다.

그림 27. 접시형

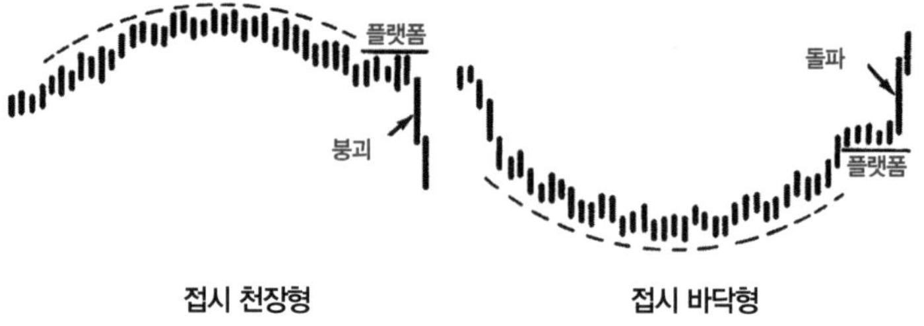

형성 배경

모든 유효한 차트 패턴처럼 이 패턴들은 특정한 상황에서 드러나는 전형적인 시장 심리에 기인한다. 예를 들어 선형 혹은 '긴 바닥'은 공급과 수요가 안정적으로 균형을 이룰 때 나온다. 이때 거래량은 아주 적다. 좋은 쪽이든 나쁜 쪽이든 전망의 변화가 없고, 관심을 끌 재료가 없기 때문이다.

보유자들은 현재 주가 수준에서 팔 이유가 없다. 또한 잠재적 매수자들은 매수할 이유가 없다. 특히 매도자들을 끌어내기 위해 호가를 높게 불러야 한다면 더욱 그렇다. 그러다가 거래량이 증가하면서 주가가 이 긴 바닥을 돌파하면 신제품이나 매출 또는 이익 증가 같은 재료가 숨겨져 있을 가능성이 있다. 그래서 이런 소문 또는 사실이 이례적인 수요를 만들어내기도 한다.

공교롭게도 이런 돌파는 회사의 발표를 동반하는 경우가 드물다. 공식 발표는 대개 나중에 나온다. 종종 '내부자들'은 '긴 바닥' 기간에 조용히 물량을 늘린다. 어쨌든 호재를 아는 사람은 매수에 나서고, 조만간 더 많은 사람에게 사실이 알려지면서 주가는 상승하기 시작한다.

거래량

선형과 접시형의 명확한 특성은 차트의 거래량이 주가를 따르는 경향이 있다는 것이다. 주가가 새로운 고지대로 진입하기 전까지 선형 또는 바닥에서 거래량은 항상 예외적으로 낮다. 초기에는 거래가 비교적 적지만, 곧 극적으로 늘어난다.

반면 전형적인 접시형에서 추세가 전환되는 저점까지 거래는 서서히 줄어든다. 그러다가 주가가 위로 휘어지면서 패턴을 완성하거나 플랫폼 구간으로 이동함에 따라 점차 늘어난다. 그 결과 거래량도 접시형을 이룬다. 플랫폼의 시작 부분 그리고 주가가 플랫폼 구간을 돌파하는 끝부분에서는 거래가 상당히 활발해진다.

처음에 선형과 접시형을 쉽게 파악할 수 있다는 사실을 언급했다. 뒤이어 해당 패턴을 파악하는 방법을 논의했다. 이제는 약간의 주의사항을 말하려고 한다. 어떤 패턴도 거의 완성되기 전까지는 절대 당연시해서는 안 된다.

이 점은 선형 또는 긴 바닥 같은 매우 단순한 형태에도 적용된다. 주가가 어떤 형태로 전개되는 듯하다가 단기간에 완전히 다른 형태로 변하는 경우가 있다.

바닥 형태와 관련하여 언급할 만한 흥미로운 변형이 있다. 때로 돌파 움직임이 나오기 직전에 '털어내기(Shakeout)'가 이뤄질 수 있다. 즉 반대 방향으로 가짜 움직임을 보여주어 소심하거나 정보가 부족한 보유자들을 '털어낸다(〈그림 28〉 참고)'.

이 기간 동안 주가는 신저점으로 하락한다. 뒤이어 많은 거래량과 함께 바닥 구간을 넘어서 새로운 고지대로 상승한다. 이 변형은 일시적인 하락으로 약점을 드러내지만 보다 정통적인 바닥 형태만큼 많이 상승할 수 있다.

그림 28. 긴 바닥의 변형

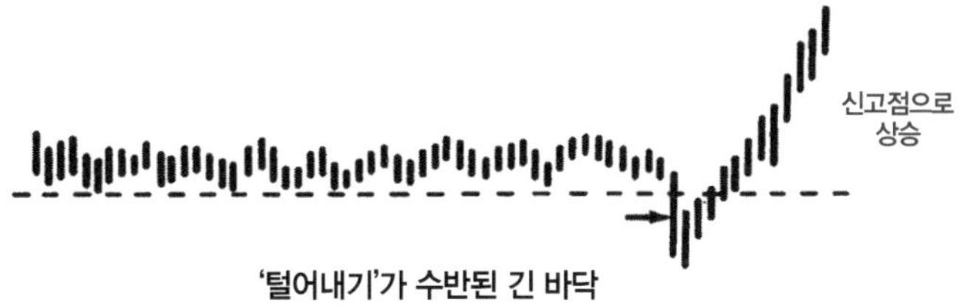

시장 전술

불행하게도 이 '꿈의 형태'는 인기가 많거나 활발하게 거래되는 종목에서는 흔히 발생하지 않는다. 선형 또는 접시형은 거래가 적고 대중에게 알려진 정보가 거의 없는 종목의 차트에서 더 많이 형성된다. 반면 이런 패턴이 지닌 수익 잠재력은 매우 크고, 위험은 최소화할 수 있다. 따라서 투자자 및 분석가들은 적절히 차트를 살펴보면서 선형과 접시형을 주시하는 것이 좋다.

긴 바닥을 형성한 종목은 돌파 이후 최대한 빨리 매수해야 한다. 물론 모든 형태의 돌파가 그렇듯이 진정한 상승세를 보이기 전에 종종 바닥으로 돌아가는 반락 또는 복귀 움직임이 나온다(〈그림 29〉 참고). 하지만 이런 형태에서 이뤄지는 상승은 너무나 가팔라서 주저하다가는 버스를 놓칠 수 있다.

그림 29. 돌파 후 복귀 움직임 패턴

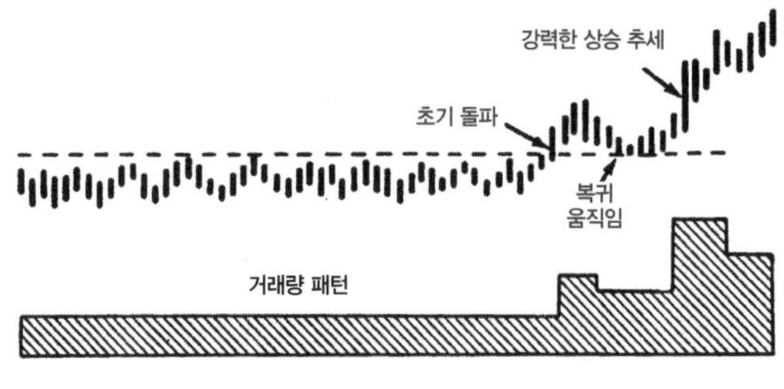

긴 바닥 및 거래량 추이

접시 바닥형을 형성하는 종목의 경우 포지션을 취할 시간이 더 많다. 사실 몇 번의 매수 적기가 있다. 구체적으로 설명하면 다음과 같은 경우 매수 적기로 판단할 수 있다.

1. 거래량과 주가가 점차 오르면서 위로 휘어지는 동안

2. 곡선의 끝에서(정확한 끝을 예측하기 어렵지만) 거래량이 줄고, 주가가 횡보하기 시작할 때

3. 플랫폼이 형성되는 동안 해당 구간의 저점에서

4. 플랫폼을 실제로 돌파할 때

그림 30. 접시형 바닥 패턴에서 매수 포인트

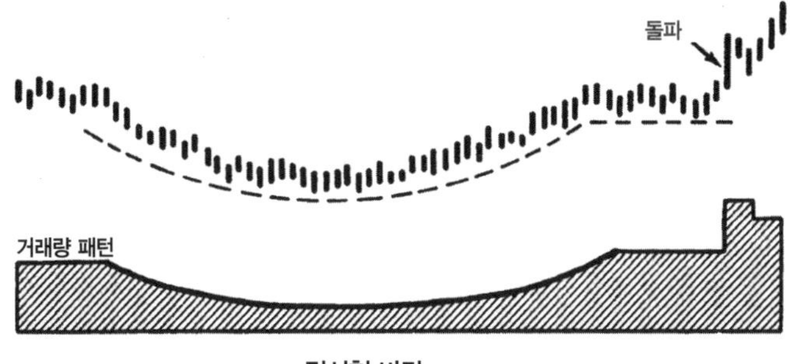

접시형 바닥

차트 21. 서튼 티드 : 선형 바닥형 또는 '긴 바닥'

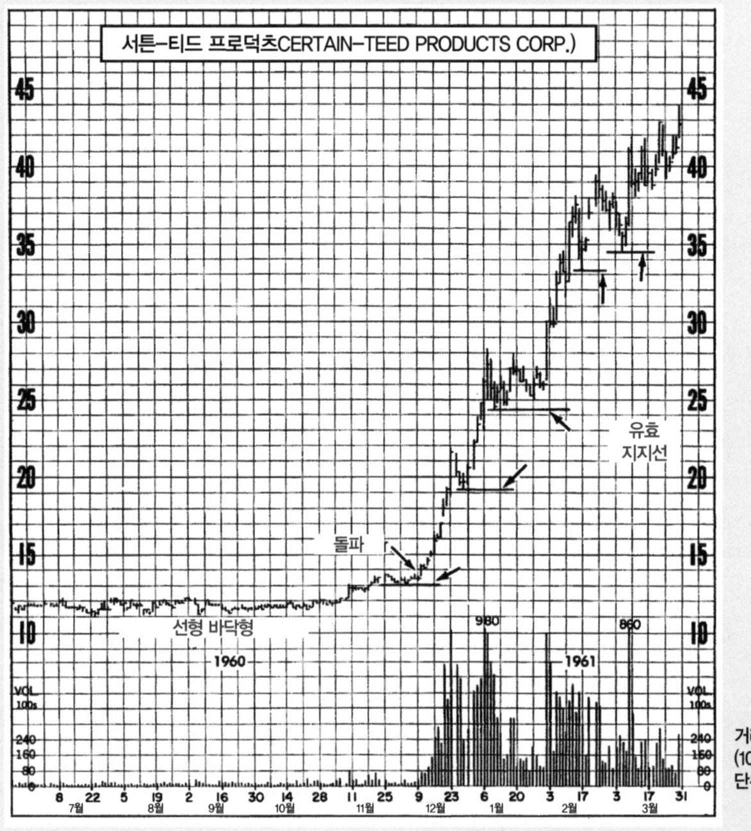

〈차트 21〉은 거래량이 거의 없는 가운데 예외적으로 길게 형성된 바닥을 보여주기 위해 선정했다. 이 차트가 충분히 긴 기간을 보여준다면 몇 년 뒤까지 이어지는 선형을 볼 수 있을 것이다. 주가와 거래량은 바닥에서부터 곡선을 그리며 같이 상승한다. "바닥이 길수록 움직임이 크다"는 오랜 격언이 여기서 증명된다. 11월에 약 13달러에서 조용히 시작된 이 움직임은 차트의 끝인 3월 31일에 44달러, (차트에는 나와 있지 않지만) 5월에는 64달러에 이른다. 차트가 예상대로 전개된 경우와 그렇지 않은 경우를 따지는 사람이 보기에 이 차트는 상승기간 내내 유효 지지선(수평선)이 하나도 깨지지 않았다는 점에서 흥미롭다.

차트 22. 뷰렉스 : 선형 바닥형

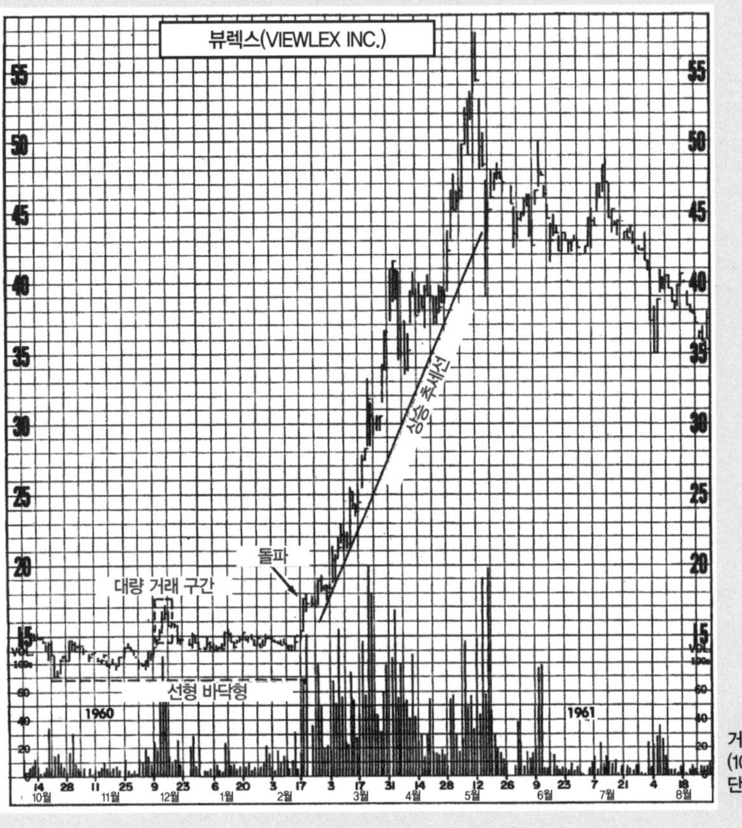

〈차트 22〉를 보면 바닥은 사실 매우 많은 거래량과 함께 주가가 신고점으로 오르는 2월 말까지 완성되지 않는다. 그러나 12월에 대량 거래량을 동반한 상승은 대규모 움직임이 나오기 전에 미리 강세 신호를 나타낸다. 과거 10년 동안 나온 대규모 '강세' 움직임을 분석한 결과 다수가 비슷한 사전 신호를 드러냈다.

기본적으로 적은 거래량과 함께 횡보하는 모든 종목에서 이런 거래량 신호를 찾아라. 거래량 급증은 거대한 기운이 꿈틀대고 있다는 것을 말해준다. 또한 거래량 증가에 따른 상승이 나오지 않는 것은 그 기운이 아직 분출할 준비가 되지 않았다는 뜻이다. 대규모 움직임이 나오기까지 2개월에서 6개월까지 기다리는 경우도 드물지 않다.

3장에서 '대량 거래 구간'으로 부르는 이 신호는 강력한 저항선도 정확하게 제시한다. 이 저항선을 넘어서면 상승세가 탄력을 얻는다[11장을 읽고 나면 고점이 2일 반전일(Two Days Reversal)임을 알 수 있다].

차트 23. 데이스트롬 : 접시 바닥형

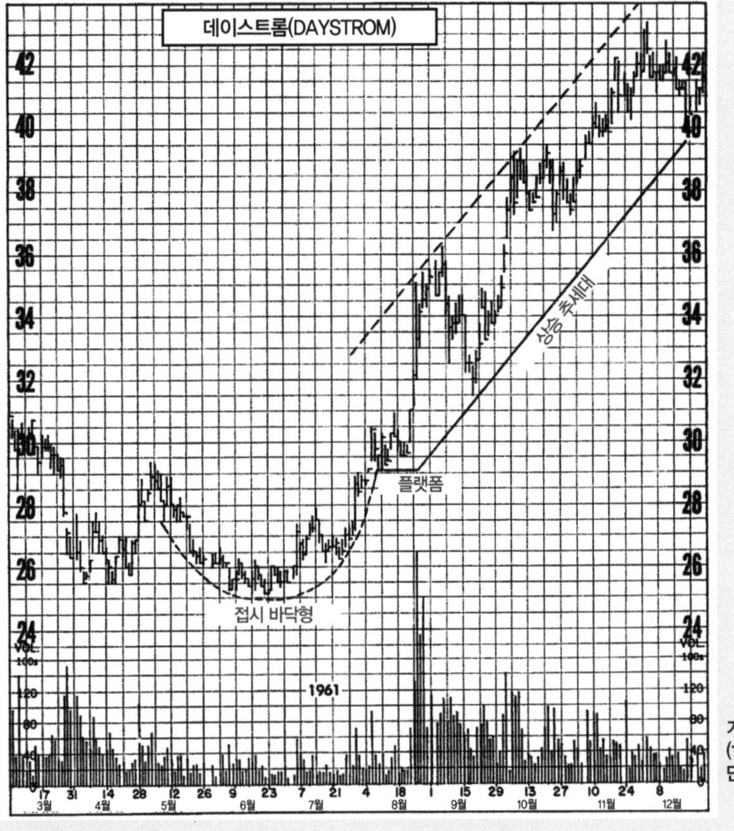

〈차트 23〉을 보면 5, 6, 7월에 걸쳐 형성된 접시형 바닥은 손잡이가 달린 컵 패턴에 더 가까워 보인다. 주가는 둥글게 바닥을 다지고, 거래량도 동일한 형태의 패턴을 따른다. 7월에 접시형이 약간 무너지지만 거래량 패턴은 꾸준하게 유지된다. 주가가 플랫폼을 돌파할 때 거래량은 폭발적으로 증가한 뒤 상승 기간 동안 비교적 높게 유지된다.

이 책을 다 읽은 후 이 차트를 다시 보기 바란다. 그러면 8월과 9월에 걸쳐 형성된 흥미로운 형태를 알아볼 수 있을 것이다. 조밀하게 위로 기울어진 (불완전하지만) 이 깃발형은 일반적인 '강세' 패턴 중에서 가장 신뢰할 만한 형태다. 이 차트에서는 해당 형태가 8월 말에 형성되었지만 곧 무너지면서 작은 역헤드앤드숄더를 만든다. 그러다가 10월과 11월에는 일반적인 깃발형으로 이어진다.

차트 24. 카이저 로스 : 접시 바닥형

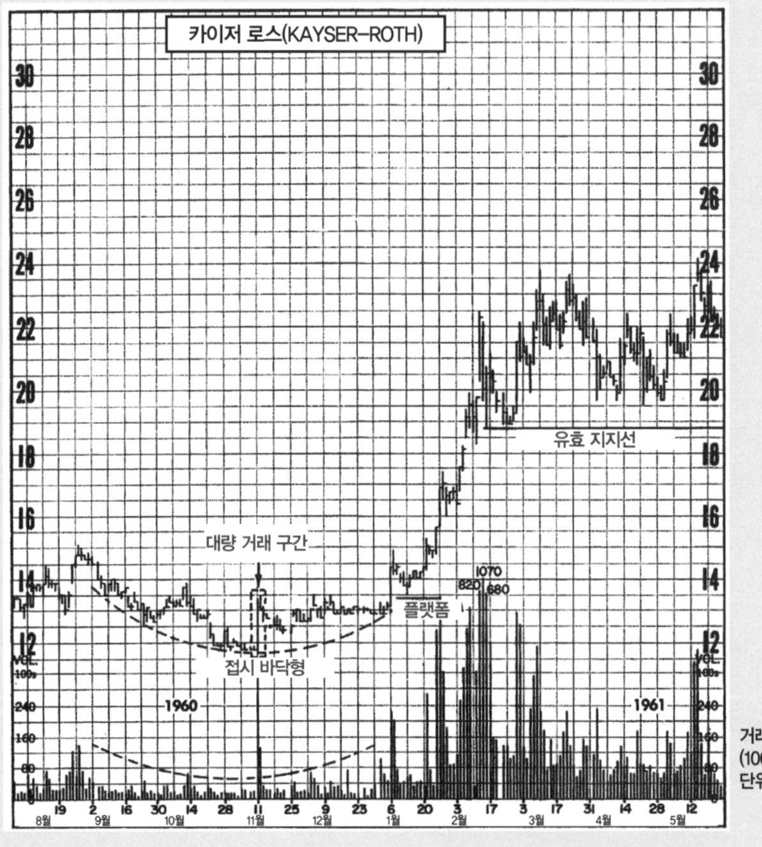

〈차트 24〉를 보면 이 접시형 또는 원형 바닥은 많은 거래량을 동반한 이틀 동안의 상승으로 중간이 깨진다. 이렇게 거래량이 급등한 영역은 이례적인 손바뀜이 일어나는 대량 거래 구간에 해당한다. 나중에 주가가 이 구간 위로 오르면 상승세가 이어질 가능성이 크다.

이 구간에서 매수한 사람들은 이익이 났을 것이고, 상승은 해당 구간 위에서 공급이 줄고 있음을 암시하는 것이다. 또한 이는 〈차트 22〉를 분석할 때 설명한 것과 비슷한 예비 신호로 간주할 수 있다. 어쨌든 이 거래 구간은 대규모 바닥 패턴 안에서 나왔다. 이 구간 바로 위에서 작은 플랫폼이 형성되며, 뒤이은 상승은 아주 높은 거래량을 동반한다. 따라서 이런 유형의 차트에서 모든 기대가 충족된다.

차트 25. 다이내믹스 코퍼레이션 : 긴 접시 바닥형

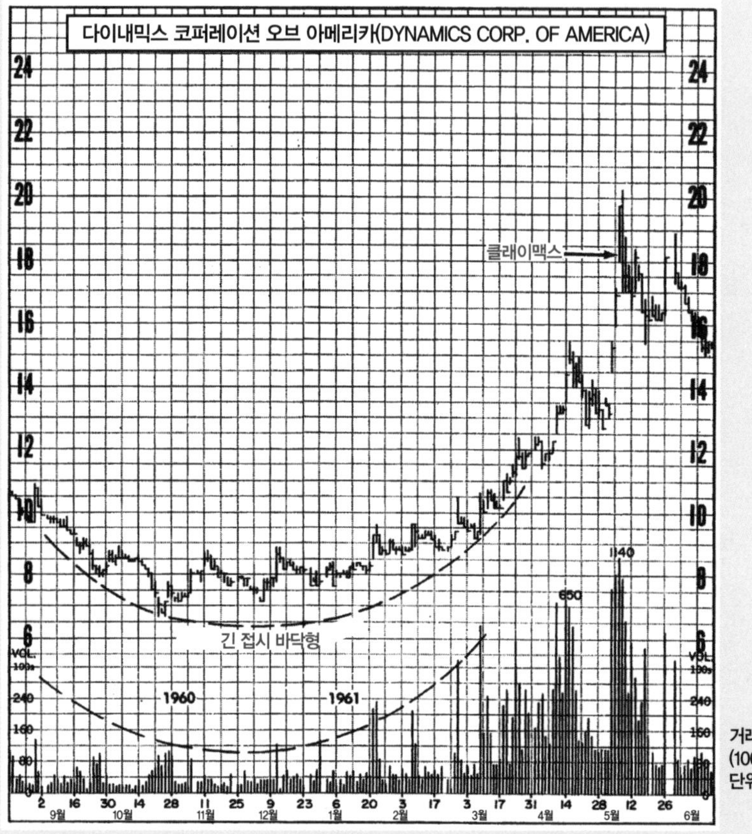

〈차트 25〉의 이 접시형이 완성되는 데 7개월 이상이 걸렸다. 그러나 그만큼 기다릴 가치가 있었던 것으로 드러났다. 주가는 바닥에서 천장까지 3배로, 3월부터 8주에 걸쳐 2배로 상승했다. 거래량은 둥글게 바닥을 다지는 기간 동안 낮게 유지되다가 상승세가 탄력을 받으면서 증가한다.

이 접시형에는 플랫폼이나 손잡이가 없다는 점에서 앞선 두 사례와 구분된다. 상당한 기간에 걸쳐 형성되는 선형과 달리 접시형은 대개 짧은 기간 동안 형성된다. 이 차트는 아주 오래 이어진 유형에 속한다.

차트 26. 지글러 : 접시 천장형

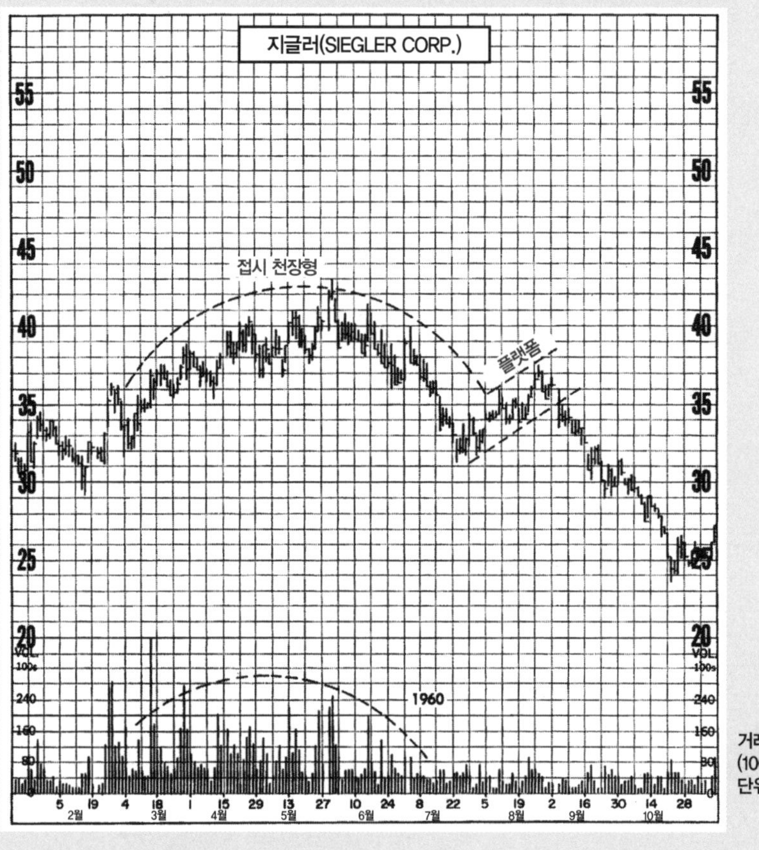

〈차트 26〉을 보면 6월에 거래량을 동반한 채 이틀 동안 신고점으로 급등한 것을 제외하면 이 패턴은 전형적인 접시 천장형이다. 둥글게 이어진 전환과 플랫폼(또는 손잡이)은 상상의 여지를 남기지 않는다.

거래량 패턴은 접시 천장형의 패턴을 따른다는 점에서 특히 흥미롭다. 접시 천장형은 종종 이런 거래량 패턴이 나타난다. 그러나 고점에서 거래량이 줄어들기도 한다(거꾸로 된 거래량 패턴). 반면 거래량이 주가 패턴을 따르지 않는 접시 바닥형은 드물다.

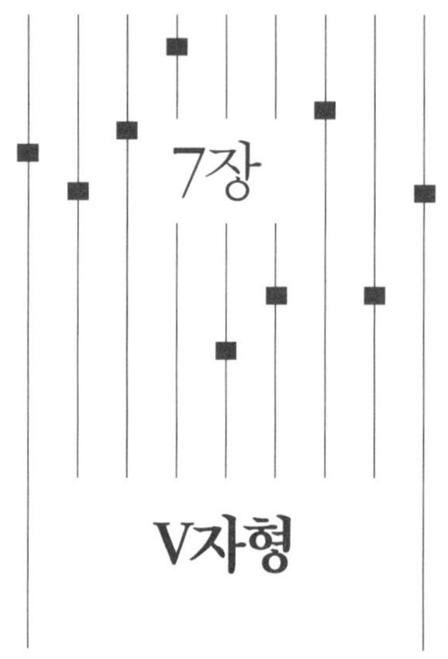

7장

V자형

다른 시장과 마찬가지로 주식시장에서도 수익이 있는 곳에는 위험이 따른다. 일반적으로 잠재적 수익이 클수록 잠재적 위험도 크다. 너무나 강력해서 모든 주가 등락 중에서 가장 역동적인 등락을 촉발하는 특정한 반전 패턴은 안타깝게도 예측하고 분석하기는 가장 어렵다. 실제로 패턴이 완성된 후에도 경험 많은 차트 분석가들조차 추세가 정상적인 방식으로 이어질지 확신하지 못한다. 이 모호한 패턴은 V자형으로 불린다.

다른 반전 패턴에서 매수자와 매도자는 비교적 오랜 기간에 걸쳐 주도권을 노린다. 이 기간에 한 집단에 이어 다른 집단이 번갈아 국면을 주도한다. 두 세력의 상호작용은 시장의 반전을 예비하고 차트 분석가에게 그 사실을 경고한다.

그러나 V자형은 다르다. 이름이 말해주듯이 V자형의 경우 대비할 틈이 없다. 다른 반전 패턴의 속성처럼 하락 추세에서 상승 추세로 나아가는 점진적인 변화가 없다. V자형 전환은 경고 없이 들이닥친다. 극적이고 결정적이다. 마치 미리 정해진 신호에 따라 매도자들이 매도한 모든 주식이 갑자기 처분되면서 매수자들이 한동안 주도권을 잡을 것처럼 보인다.

이처럼 V자형은 추세의 급격한 반전을 알리지만 동시에 가장 분석하기 어렵다. 그럼에도 이런 움직임을 충분히 포착하는 데 도움을 주는 긍정적인 단서들이 있다. V자형에 뒤이은 주가 등락은 종종 규모가 크기 때문에 이 패턴은 익혀둘 만한 가치가 있다. V자형의 신비로움을 덜기 위해 이 장의 끝에서 여러 실제 사례를 살펴볼 것이다.

먼저 V자형 패턴을 정의해보자. V자형에는 전형적인 V자형과 확장된 V자형의 두 종류가 있다.

전형적인 V자형

전형적인 V자형(〈그림 31〉 참고)은 실제 V자 모양으로 다음 3가지 요소를 지닌다.

그림 31. 전형적인 V자형

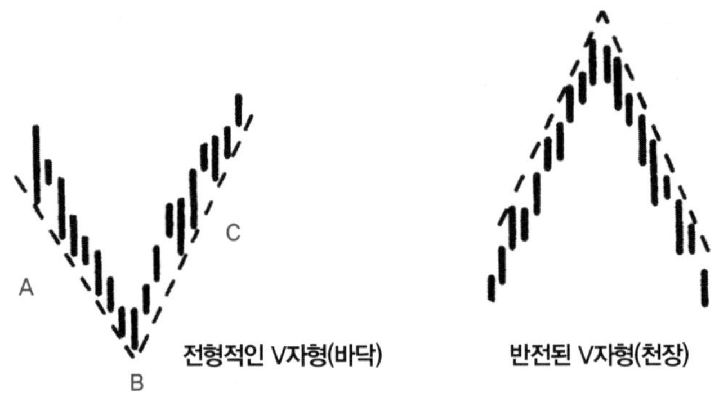

A. 하락 추세 : 대개 V자의 왼쪽을 만드는 하락은 매우 가파르고 길다. 하지만 상당히 느리고 불규칙할 수 있다. 단지 추세가 하락하는 것을 의미한다.

B. 피봇(Pivot) : 하루 동안의 변동이 종종 하락의 저점을 만든다. 때로 전환은 보다 점진적으로 이뤄진다. 그러나 주가가 며칠 이상 이 구간에 머무는 경우는 드물다. 대부분 거래량은 저점 근처에서 눈에 띄게 늘어난다. 때로 전환점이 나온 당일에 가장 많은 거래량

이 터지면서 '정점일(Climax day)'을 만들기도 한다.

C. 상승 추세 : 주가가 앞선 하락세의 고점들을 따라 그려진 하락 추세선을 관통할 때 첫 번째 전환 신호가 나타난다. 전환 이후 상승세가 이어지는 동안 거래량은 점차 늘어나는 경향이 있다. 이 국면의 초기에는 대응하기 어렵다. 상승세가 충분히 오래 이어지기 전에는 해당 형태가 유효한 V자형 전환인지 확신할 수 없기 때문이다. 다만 순수 V자형의 상승 국면은 앞선 하락 추세 구간을 모방하는 경향이 있다. 그래서 A의 하락 추세가 45도 각도로 하락한다면 상승 추세인 C는 45도 각도로 상승할 가능성이 크다.

반전된 V자형

반전된 V자형은 천장에서 나타내며, 이름이 가리키는 대로 V자 바닥형의 반대다. 대부분의 경우 거래량은 피봇 근처에서 급증한다. 이는 주가뿐만 아니라 거래량에서도 뒤집힌 V자 모양을 만든다. 그러나 전환 시에는 거래량이 비교적 일반적이지만, 이례적으로 적은 경우도 있다.

확장된 V자형

확장된 V자형(〈그림 32〉 참고)은 전형적인 V자형보다 힘이 강하지 않지만, 한 가지 중대한 차이 때문에 보다 정확한 예측이 가능하다. 확장된 V자형은 앞에서 설명한 대로 주가가 하향 추세선을 뚫고 올라간 피봇 이후에 나온다. 전형적인 V자형에서 상승 움직임은 비교적 즉시 시작된다. 반면 확장된 V자형에서는 상당한 규모의 횡보 구간이 전개된다. 그러다가 주가가 이 거래 구간의 고점을 돌파하면서 형태를 완성한다. 자세히 살펴보면 확장된 V자형은 다음 네 가지 요소를 지닌다.

A. 하락 추세 : 전형적인 V자형의 경우처럼 이 하락 추세도 가파르거나 불규칙할 수 있다. 전부는 아니지만 대부분의 경우 하락 추세는 마지막 저점을 찍기 전에 짧은 기간 '횡보' 또는 '보합' 국면으로 중단된다.

B. 피봇 : 이번에도 전형적인 V자형의 경우처럼 전환은 종종 하루 만에 나온다. 그러나 때로는 며칠이 걸리기도 한다. 거래 동향은 비슷하며, 대개 급증한다.

C. 초기 상승 : 주가가 (1) 앞선 하락 국면의 고점을 따라 그어진

하락 추세선이나 (2) 피봇 직전에 형성된 '횡보' 또는 '보합' 국면의 고점을 나타내는 선을 뚫고 올라간다. 이때 거래량이 늘어난다.

D. 플랫폼 : 이는 확장된 V자형을 전형적인 V자형과 나누는 부분으로, 보다 쉽게 파악할 수 있게 해주는 부분이다. 플랫폼은 거의 평평하지만, 대개 약간 아래로 기울어진다. 플랫폼이 전개될 때 거래량은 줄어드는 경향이 있다. 반면 뒤이어 주가가 돌파 지점을 향해 마지막 상승을 시작할 때는 거래량이 증가하는 경향이 있다. 돌파 자체는 대개 대규모 거래량을 동반한다.

그림 32. 확장된 V자형

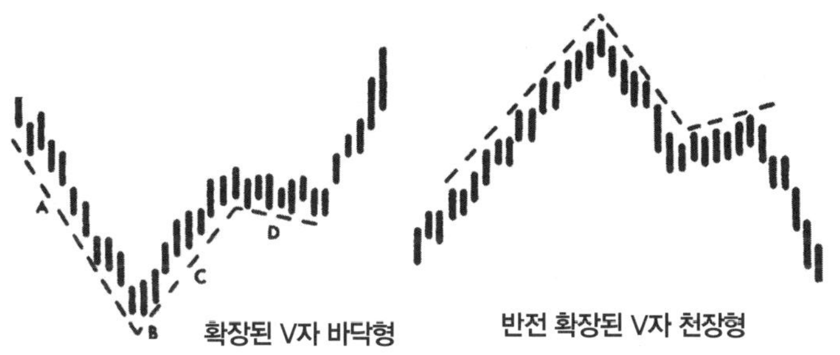

확장된 V자형은 주가가 늘어난 거래량과 함께 플랫폼의 고점을 돌파할 때 완성되거나 확증된 것으로 간주할 수 있다. 플랫폼이 아래로 기울어지면 플랫폼 안의 고점들을 따라 그려진 하락 추세선을 돌파하는지 살펴야 한다. 하락 추세선의 돌파가 거래량 증가와 함께 이뤄지면 이 패턴은 계속 이어질 가능성이 크다. 그래서 확장된 등락의 저점 근처에서 매수를 결정할 수 있다.

좌측

때로 주가와 거래량이 위에서 설명한 패턴을 정확히 따르면서 플랫폼이 오른쪽이 아닌 왼쪽에 있는 경우가 있다. 어떤 사람들은 맹장이 왼쪽에, 심장이 오른쪽에 달린 채로 태어나기도 한다. 그래도 문제가 없는 것처럼, 좌측 V자형도 마찬가지로 주가 반전을 나타낸다.

그림 33. 좌측 확장된 V자형

시장 전술

확률 또는 발생 확률을 공부하고 그에 따라 행동하는 것은 좋은 일이다. 반면 시장 행동이나 수학에 대한 약간의 정보로 돈이 버티는 한 맹목적으로 따르는 엄격한 '시스템'을 바꾸는 것은 나쁜 일이다. 언제나 자신이 아는 것을 실제 시장 상황에 적용할 때는 유연해야 하며, 상상력을 발휘해야 한다.

이 말은 V자형의 경우에 더없이 옳다. 앞서 V자형은 예측과 분석이 가장 어려운 형태 중 하나라고 설명했다. 그렇다고 해서 예측과 분석이 불가능하다는 말은 아니다. 정말로 불가능하다면 논의하는 것 자체가 시간낭비일 것이다.

다만 잠재적 V자형 전환을 접할 때는 가짜 신호와 함정에 주의해야 한다. 또한 잠재적 수익뿐 아니라 위험도 같이 인식하고 서둘러 퇴각할 태세를 갖춰야 한다.

유연한 접근법의 필요성은 V자형이 발생하는 방식에서 기인한다. 활발하게 거래되는 모든 종목에는 들락날락하는 투자자들과 많이 아는 투자자들 그리고 일반 투자자들이 뒤섞여 있다. 거의 모든 차트 패턴에서 이 세 집단의 상호작용을 볼 수 있다.

그러나 V자형 전환은 그렇지 않다. 이 패턴은 일반적으로 시장 심리의 극적 전환의 산물이다. 그래서 심지어 많이 아는 투자자들도 미처 예견하지 못한 뜻밖의 전개로 이어진다(그래도 이들이 하락 추세의 바닥에서 매수할 만큼 많이 아는 경우는 드물다. 그보다는 하락 시에 '매집'할 가능성이 더 크다).

예상치 못한 뉴스나 정치적 변화 혹은 방송인의 팁도 주문이 밀려들도록 주문을 촉발시켜 갑작스럽게 추세를 반전시킬 수 있다. 이런 반전은 본질적으로 예견하기 불가능하다.

한 가지 예외는 매도해야 할 대규모 물량이 있을 때다. 이 경우 공급은 신중하면서도 꾸준하게 이뤄지면서 주가에 지속적인 압박을 가한다. 그러다가 공급이 부족해지면 주가가 고무줄처럼 튀어 오르는 경향이 있다.

어떤 경우든 차트 분석가나 투자자는 V자형이 완성되는지 확인해야 한다. 또한 과거 주가 동향과 현재 상황의 속성을 분석하여 뒤이은 등락의 범위를 판단한 다음 조심스럽게 행동해야 한다. 초보자들(그리고 어쩌면 경험 많은 투자자들)은 자금을 넣기 전에 V자형 패턴에 대해 '예행 연습'을 해보는 것이 안전하다. 차트 분석에서 연습보다 중요한 것은 없다.

지금부터 다양한 문제를 제기하는 사례들을 제시할 것이다. 이 사례들이 유연성의 필요성을 강조하고, 까다롭지만 보상을 안기는 V자형 전환을 극복하는 데 필요한 경험에 보탬이 되기를 바란다.

차트 27. 아메라다 : 전형적인 V자형

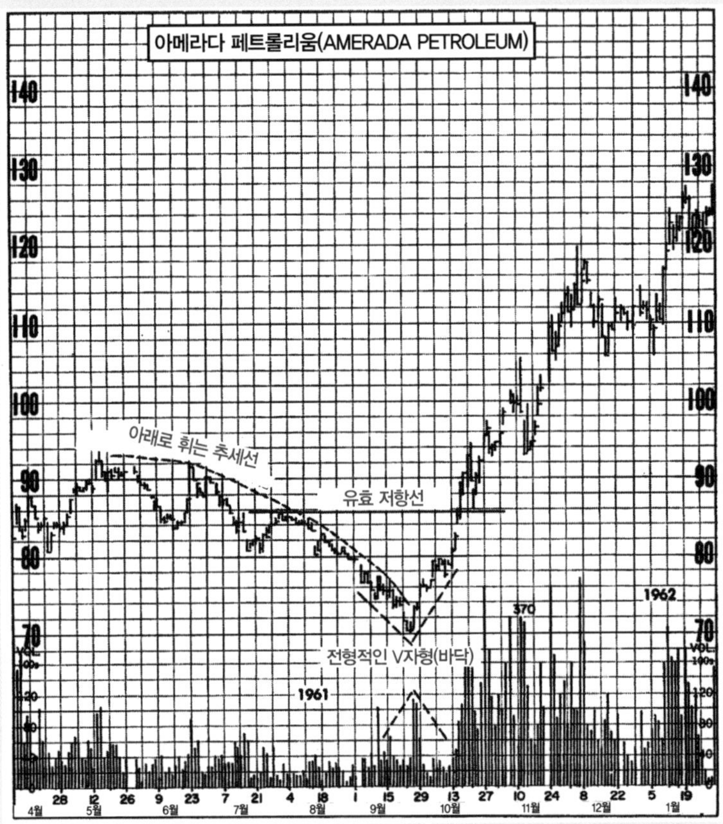

거래량
(100주
단위)

〈차트 27〉에서 볼 수 있는 전형적인 V자형은 11주에 걸쳐 50포인트의 상승을 촉발했다. 가장 두드러진 점은 이 기간에 시장 평균지수는 침체되어 있었고, 시장의 폭(증권시장 전체에 작용하는 주가의 상승세 또는 하락세의 강도를 의미하며 기술적 분석에서 추세가 지속될 것인지를 판단하는 지표가 된다. 시장의 폭을 측정하는 척도로 가장 일반적인 것은 등락지수를 들 수 있다)을 분석한 결과 대다수 주식은 하락 추세에 있었다는 것이다.

1961년 9월에 주가 변동을 살핀 사람은 바닥 근처에서 추세 전환을 잡아내는 행운을 얻었을지 모른다. 그 단서는 작은 돌파 갭(11장 참고) 및 많은 거래량과 더불어 주가가 아래로 휘어진 추세선을 돌파한 것이다. 그래도 V자형은 파악하기 쉽지 않기 때문에 주가가 80달러를 찍을 때까지 기다려야 했을 수도 있다. 이 지점에서 폭증한 거래량은 전형적인 V자형이 완성되었다는 데 의문의 여지가 없다.

차트 28. 오웬스 코닝 : 반전 확장된 V자형

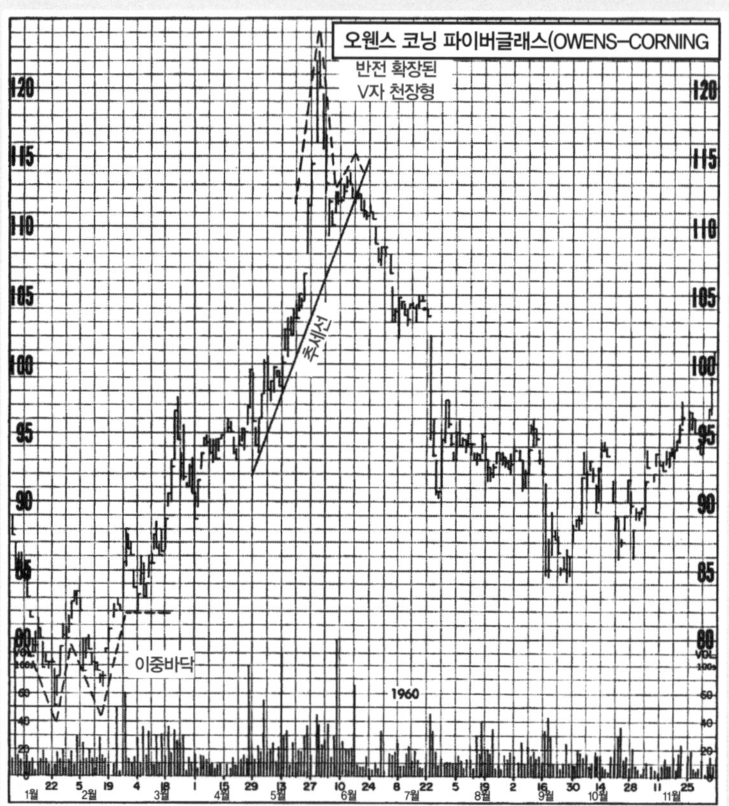

〈차트 28〉에서 1960년 5~6월에 발생한 천장 형태를 일각에서는 '교회 첨탑형(Church steeple)'이라고 부를 것이다. 하지만 이 형태는 이 책에서 설명한 반전 확장된 V자형 범주에 잘 맞는다. 플랫폼 또는 확장된 형태가 실제 천장에 앞선 상승의 저점들을 잇는 가파른 추세선을 따르는 양상에 주목해야 한다. 이 추세선의 붕괴는 천장을 완성시킨다. 그래도 반락 저점인 109.25달러가 깨질 때까지 기다리는 편이 현명하다.

그건 그렇고 앞서 언급한 추세선 외에 1960년의 주가 변동은 딱히 추세선을 만들지 않았다. 2월에 시작된 상승 추세와 6월에 시작된 하락 추세는 직선을 이루지 않는다. 다른 한편 이 차트는 지지와 저항 원칙, 그리고 1월과 2월에 형성된 이중바닥 같은 다른 형태를 충실히 따른다. 모든 주식의 차트는 나름의 특성을 지닌다. 따라서 항상 신중하게 분석해야 한다.

차트 29. IBM : 확장된 V자 바닥형(좌측)

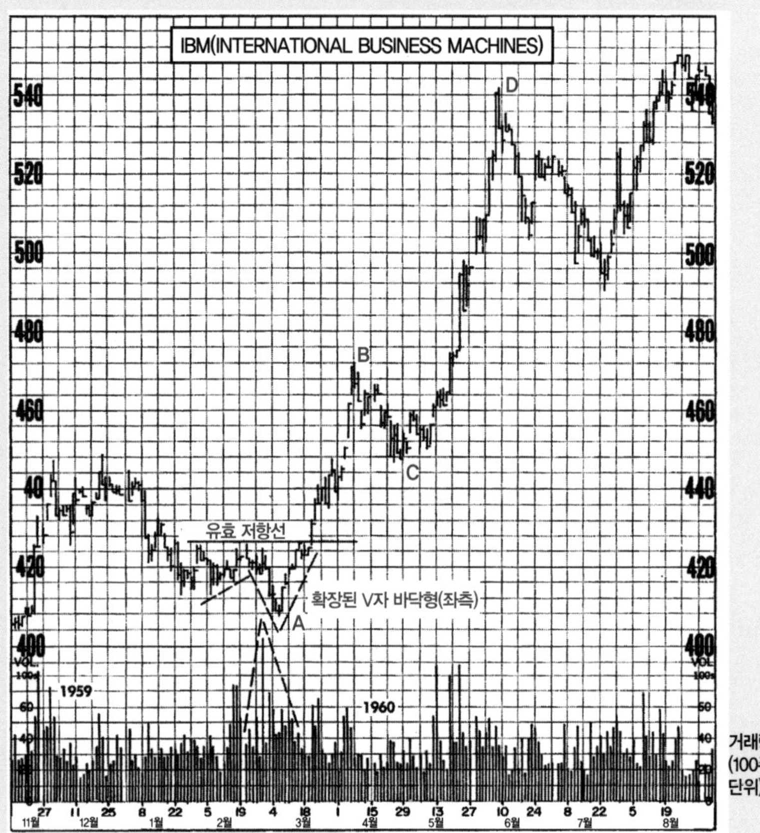

어떤 차트 분석도 주가는 비싸지만 언제나 인기 많은 IBM을 살피지 않고는 가치를 인정받지 못한다. 이 전설적인 기업의 차트는 비교적 정상적인 양상으로 전개된다고 볼 수 있다. 좌측 확장된 V자 바닥형은 이전 지지 구간(1959년 10월과 11월의 정체 구간)에서 형성되며, 약 134달러로 상승하기 위한 토대를 마련한다.

바닥 근처에서 거래량이 늘어나는 점에 주목하라. 이는 중요한 손바뀜이 일어나고 있음을 말해준다. 주가가 저항선(2월 고점)을 돌파하면서 확장 V자형이 확인된다. 8장을 읽고 나면 표적을 초과하여 측정된 이동 패턴(A에서 B보다 C에서 D까지의 거리가 더 길다)을 분석할 수 있을 것이다. 또 다른 흥미로운 형태는 11월에 형성된 페넌트형이다. 이 형태는 상승삼각형을 하방 돌파하면서 방향을 바꾼다.

차트 30. 맥 트럭 : 반전 확장된 V자형(좌측)

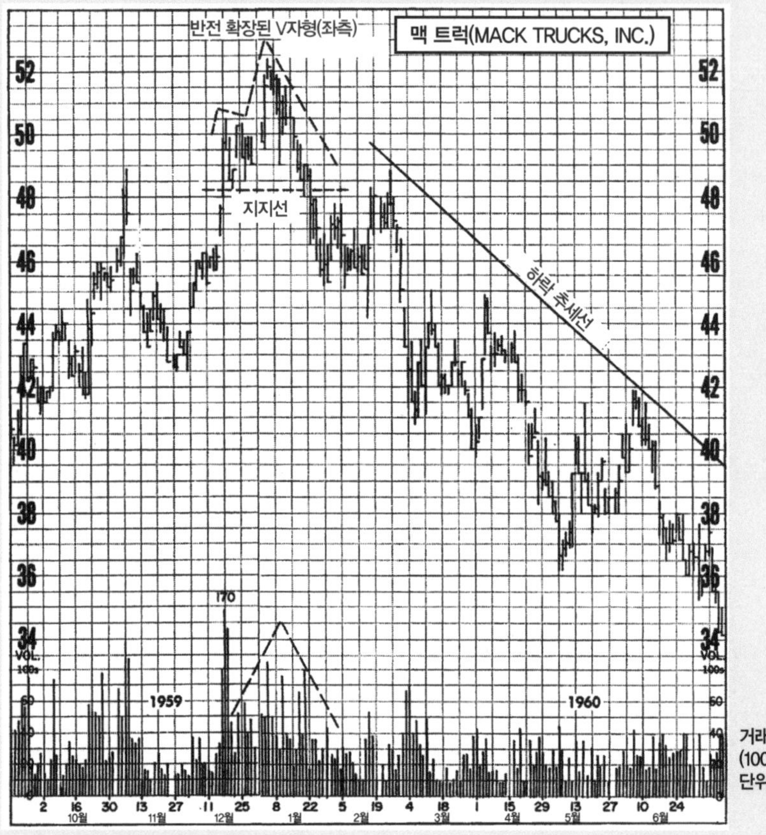

확장된 V자형(천장)의 좌측 유형(또는 앞에서 말한 대로 반전된 확장된 V자형)은 우측 유형보다 예측하기 어렵다. 〈차트 30〉의 맥 트럭 차트에서는 특히 더 그렇다. 좌측에 형성된 플랫폼은 삼각형 모양이다. 그래서 V자형 천장이 완성되었다고 가정하려면 삼각형의 저점이 깨질 때까지 기다려야 한다. 대부분의 경우에 플랫폼은 좌측이든 우측이든 매우 분명하게 나타난다. 그래서 주가가 해당 구간의 바닥을 뚫으면(V자형 천장) V자형 반전 패턴이라고 분석할 수 있다. 이 차트에서 주요 하락 추세선은 하락하는 동안 비교적 폭넓은 등락이 있었음에도 깨지지 않았다.

차트 31. 웨스팅하우스 일렉트릭(주간) : 반전 V자형

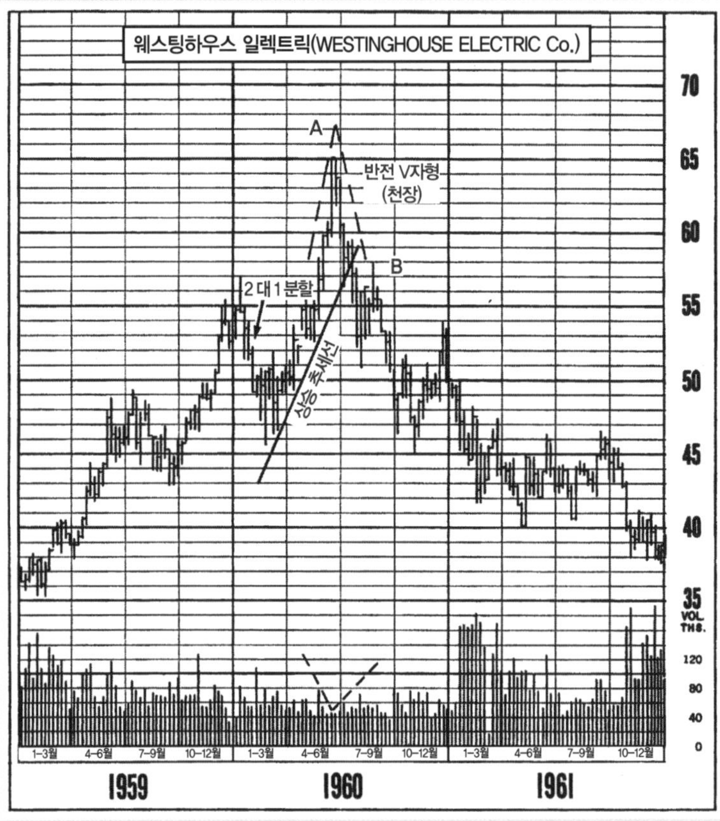

〈차트 31〉을 보면 1960년에 웨스팅하우스 주간 차트에 형성된 반전 V자형 또는 단순한 'V자 천장형'은 천장 근처에서 파악하기 매우 어렵다. 유일한 단서는 A 정점에서 거래량이 아주 많이 줄었다는 것과 B지점인 1960년 7월에 주요 상승 추세선이 붕괴되었다는 것뿐이다. 또한 1960년 1월에 나온 비교적 급격한 반전은 V자 천장형으로 오인할 수 있다. 이에 비하면 앞서 제시된 다른 V자형 반전은 훨씬 예상하기 쉽다. 그러나 차트를 분석하다 보면 이런 까다로운 형태도 가끔 만나게 된다.

〈차트 31〉은 주간 차트다. 동일한 기간의 일간 차트를 분석하면 천장에서 너무 멀지 않은 지점에서 주요 반전 패턴을 확증하는 데 도움이 될 수 있다. 대부분의 경우 같은 기간의 일간 차트는 주간 차트와 예측에 비슷한 영향을 미치면서도 완전히 다른 패턴을 보여주기도 한다. 그래도 일간이든 주간이든 추세 지표는 대개 같은 방향을 가리킨다.

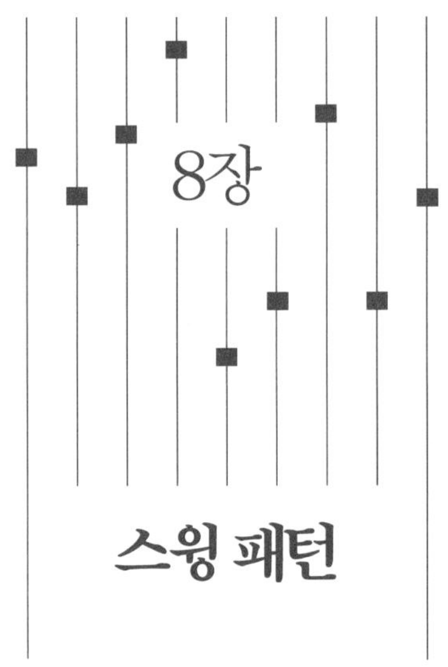

8장 스윙 패턴

모든 주가 추세는 언젠가 끝나게 되어 있다. 때로는 반전된 V자 형처럼 경고 없이 새로운 방향으로 전환하기도 하지만, 대부분은 점차 강해지는 저항에 부딪혀 방향을 전환한다. 매수 압력은 동일한 매도세를 만난다. 이 거친 균형이 계속되는 동안 주가는 수평으로 차트를 가로지른다. 시장 전문가들은 이런 머뭇거림의 기간을 '중대한 시기'라고 부른다. 고양이가 담 위에 있는데, 어느 방향으로 뛰어내릴지 모른다는 뜻이다.

상반되는 압력이 강해지거나 약해지면서 이 '중대한 시기'에 이뤄지는 상호작용은 반전 패턴 중 하나를 형성할 수 있다. 즉 추세의 중대한 전환이 멀지 않았다는 뜻이다. 또다른 경우, 일정량의 저항과 지지를 소화하기 위해 주가는 잠시 멈춰선다. 그리고 모두 소화한 후에는 원래의 추세를 재개한다.

이런 멈춤 또는 머뭇거림은 지속 패턴을 만든다. 근본적으로 이 패턴은 추세를 중단시키지만 끝내지 않고 횡보 구간을 형성한다. 이 패턴이 지니는 핵심 가치는 2, 3, 4장에서 논의한 대로 미래의 지지 구간을 가리키고, 뒤이은 주가 등락의 범위를 예측하게 한다는 것이다.

이것만 해도 무시할 만한 가치가 아니며 특정한 경우에는 더 많은 일도 할 수 있다. 즉 머뭇거림 구간에 들어서는 주가 변동을 통해 뒤이은 변동 가능한 범위 또는 다음에 주가가 어디에서 '중대한 시기'를 만날지 예측할 수 있다.

우리는 지금까지 이름을 붙이지 않은 이 상황을 '스윙 패턴(Measured Move)'이라고 부를 것이다. 이 패턴은 기본적으로 매우 큰 폭의 주가 등락을 가리킨다. 또한 매우 가파른 '조정(경우에 따라 상승 혹은 반락)'이나 수평 정체 구간에서 대략 중간 지점에서 흐름이 끊어지는데, 이 중단 구간은 추세에 따른 등락을 대개 평행을 이루는 두 개의 동일한 구간으로 나눈다. 다시 말해서 각 구간은 대략 같은 기간에 걸쳐(때로는 두 번째 구간에서 기간이 줄어서 첫 번째 구간보다 기울기가 가팔라지기는 하지만) 같은 등락폭을 커버한다.

〈그림 34〉는 차트에서 나타나는 상승 스윙 패턴의 형태다.

그림 34. 상승 스윙 패턴

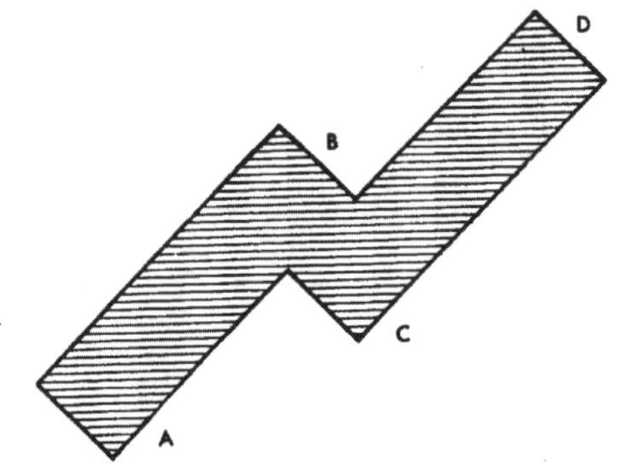

보다시피 이 그림은 짙게 칠해져 있다. 그 이유는 더 폭넓은 파동 안에 있는 작은 역방향 움직임에 주의가 분산되지 않도록 하기 위해서다. 커다란 액자에 넣어져 증권사 벽에 걸려 있는 다년간의 시장평균 차트도 같은 효과를 발휘한다.

주요 강세 시장과 약세 시장은 작은 움직임이 아니라 거대한 산맥과 계곡으로 나타난다. 물론 스윙 패턴을 분석할 때는 보다 작은 척도에서 이렇게 폭넓은 그림이 필요하다.

스윙 패턴의 요소를 자세히 살펴보면 다음과 같다.

A-B : 첫 번째 구간. 이 구간은 길게 점진적으로 상승하거나 빠르고 가파르게 상승한다. 주가는 일반적으로 추세대를 유지한다. 그러나 등락의 저점을 따라 명확한 추세선이 그려지도록 고집하지는 않는다. 종종 이런 추세는 휘어지기 때문이다. 차트 패턴을 폭넓게 살펴봐야 한다는 사실을 명심하라.

B-C : 조정 국면으로 가파르고 빠르게 반락할 수도 있고, 길게 이어지는 보합 국면으로 나타날 수도 있다. 이것은 기차를 평행한 다른 궤도로 돌리는 전환 장치와 비슷하다. 조정은 전체 상승의 중간 지점을 나타낸다.

C-D : 두 번째 구간. 이 구간은 첫 번째 구간과 아주 비슷하다. 다만 두 번째 구간의 길이는 조정 국면(B-C)의 저점에서부터 측정해야 한다. 이 구간에는 중요한 거래량 지표가 있다. 바로 중간 지점, 그리고 3분의 2 지점에서 거래량이 눈에 띄게 늘어나다가 3분의 2 지점 이후에는 줄어드는 경향이 있다.

스윙 패턴은 상승 국면에서는 물론, 하락 국면에서도 유효하다. 다만 하락 국면에서는 앞서 설명한 내용이 반대로 적용된다.

다음은 하락 스윙 패턴의 사례다.

그림 35. 하락 스윙 패턴

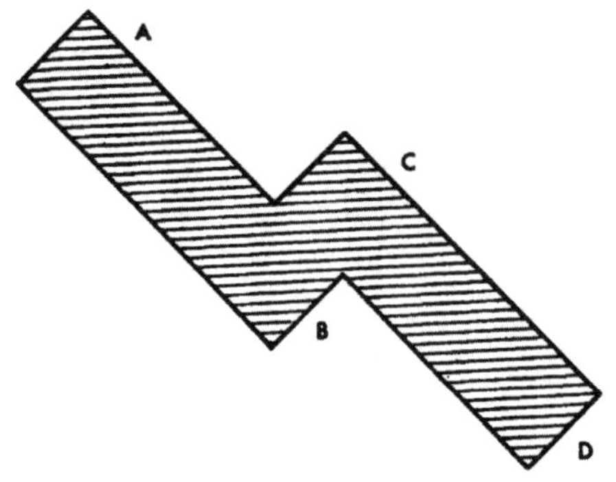

이제 이 패턴을 인식할 수 있게 되었으니 앞에서 제시한 요점을 재차 강조할 필요가 있다. 시작되기 전에 스윙 패턴을 예측할 방법은 없다는 것이다. 스윙 패턴을 예측하려는 시도는 한창 진행 중인 등락의 끝에서 어떤 반전 패턴이 나올지 예측하려는 것과 같다. 어느 쪽이든 패턴이 한동안 전개된 후에야 타당한 가능성을 판단할 수 있다.

반면에 스윙 패턴은 후반부에서는 쉽게 읽어낼 수 있으며, '중대한 시기'가 임박했음을 알리는 대단히 믿을 만한 지표다. 그만큼 시장 동향이 바뀌는 타이밍을 아주 잘 나타낸다.

스윙 패턴이 특정한 양상으로 전개되는 이유는 아직 알려지지 않았다. 그러나 추정은 가능하다. 이 패턴은 타자가 날아오는 직구를 살짝만 건드린 상황에 비유할 수 있다. 공이 조금 튀기는 하지만 원래의 방향으로 나아가는 힘은 꺾이지 않는다. 공은 약간 굴절된 채 포수의 글러브로 들어간다. 또는 포수가 놓치면 투수가 처음에 실어준 힘을 잃을 때까지 계속 날아간다.

스윙 패턴에서 조정 국면이 나오는 것은 이익 실현이나 공매도 또는 추세를 저지하는 다른 모든 요인 때문일 수 있다. 또한 두 번째 구간이 첫 번째 구간과 거의 동일한 이유를 설명하려면 고등 통계학이나 심리학이 필요할 것이다. 어쩌면 모든 등락에서 나아간 거리의 절반만큼 되돌려지는 경향(50% 규칙)이 있기 때문일지도 모른다. 어떤 이유에서든지 간에 스윙 패턴의 첫 번째 구간과 두 번째 구간 사이에는 밀접한 상관관계가 존재한다. 차트 분석가는 이 점을 활용해야 한다.

그러면 실제 사례를 살펴보자. 이런 분석을 통해 스윙 패턴을 습득할 수 있다는 사실이 증명된다면 반드시 가치 있는 도구의 목록에 추가해야 한다.

차트 32. 텍사스 인스트루먼트 : 스윙 패턴

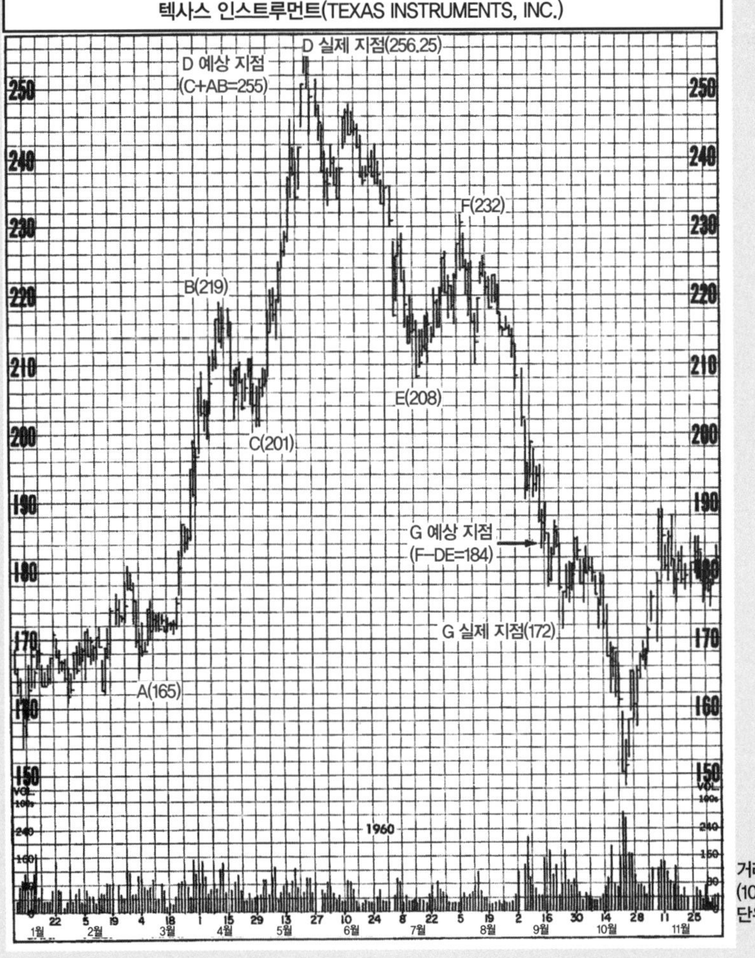

〈차트 32〉를 보면 스윙 패턴은 거의 목표치를 달성한다. A에서 B까지의 움직임(219-165=54)은 C에서 D까지의 움직임과 동일할 것으로 예상된다. A에서 B까지 움직임(54)을 C(201)에 더하면 이 움직임은 255에 이르러야 한다. 실제 움직임은 256.25 또는 예상치보다 1.25포인트 높은 지점에 이른다. 한편 하락기의 경우 D에서 E까지의 움직임(256-208=48)은 F에서 G까지의 움직임과 동일할 것으로 예상된다. F(232)에서 D에서 E까지의 움직임(48)을 빼면 184라는 예상치가 나온다. 실제로 주가는 G(172)까지 하락하며, 이후 149까지 하락한다. 흥미롭게도 저점에서 나온 반등은 처음에 예상했던 지점 근처까지 주가를 되돌린다. 그리고 B, D, F 지점은 헤드앤드숄더를 형성한다.

차트 33. 마그나복스 : 스윙 패턴

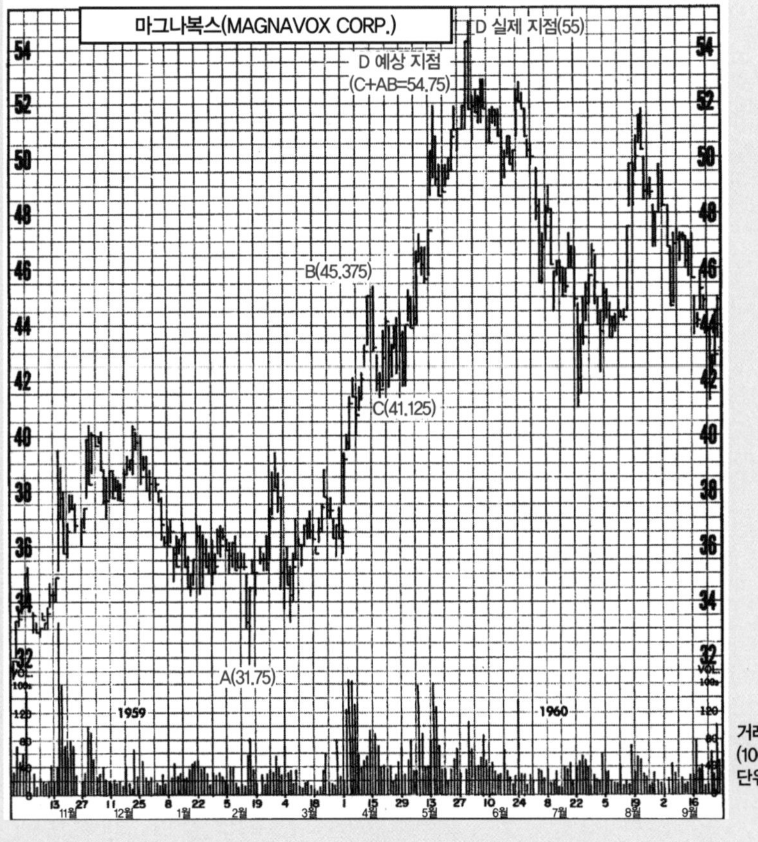

〈차트 33〉을 선택한 이유는 그다지 '차트가 잘 그려지지 않는' 종목, 즉 폭넓고 산발적인 주가 등락과 잦은 갭 때문에 분명하게 형태를 그릴 수 없는 종목에 대해서도 스윙 패턴을 분석할 수 있음을 보여주기 위해서다. 2월에 31.75에서 바닥(A)이 형성되며, 4월에 45.375 아래에서 상당한 정체 구간이 형성된다. 이 정체 구간의 바닥인 C지점은 41.125이다. D지점이 어디에서 형성될지 예측하기 위해서는 B(45.375)에서 A(31.75)를 빼면 된다. 그 결과는 13.625이다. 계산해보면 C(41.125)에 13.625를 더하면 D지점은 54.75라는 예상치가 나온다. 주가는 실제로 예상치보다 0.25포인트 많은 55달러에 이른다. 하지만 대부분의 경우 이처럼 예상치에 가깝게 형성되지 않는다. 그보다는 약 7포인트 정도 예상치에 못 미치거나 예상치를 넘어서는 경우가 많다.

차트 34. RCA : 스윙 패턴

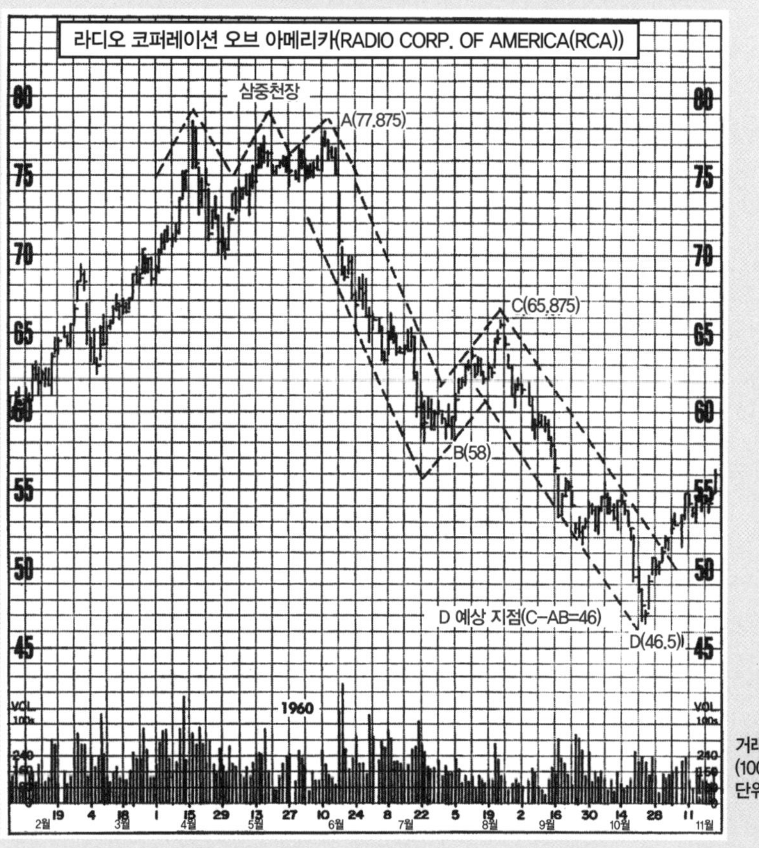

라디오 코퍼레이션 오브 아메리카(RADIO CORP. OF AMERICA(RCA))
삼중천장
A(77.875)
C(65.875)
B(58)
D 예상 지점(C-AB=46)
D(46.5)
1960
거래량 (100주 단위)
2월
3월
4월
5월
6월
7월
8월
9월
10월
11월

1960년대 RCA의 차트를 보면 32포인트 하락을 기록한 이 스윙 패턴은 흥미로운 반전 패턴이 뒤따른다. 이 패턴은 두 번째 천장에서 이중천장의 변형이라고 볼 수 있는 패턴이 나온다. 그러나 내가 보기에는 변형이 충분히 전개되어 삼중천장이라고 불러도 타당할 듯하다. A에서 B까지의 19.875포인트 하락은 조정 없이 이뤄진다. 반면 C에서 D까지 하락하는 동안에는 잠깐의 휴지기가 있다. D지점을 예상하기 위해 A-B(19.875)에서 C(65.875)를 빼면 46까지 하락할 것으로 예상할 수 있다. 실제로 하락 움직임의 바닥인 D는 예상치에서 단 0.5포인트 벗어난 46.5포인트에서 형성되었다.

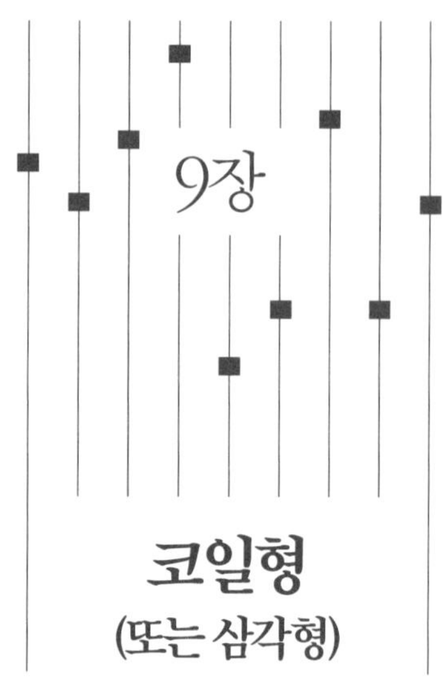

9장

코일형 (또는 삼각형)

주가가 갈수록 폭이 좁아지며 오르내리면 사실상 기계식 장난감의 스프링처럼 감기는 모양이 된다. 감긴 스프링이 장난감을 움직이는 힘을 지니듯이 코일형 변동은 주가를 밀어붙인다. 장난감의 경우 스프링 기계 장치에서 팽창력이 나온다. 반면 주식시장에서 팽창력은 매수자와 매도자들이 직면하는 갈수록 커지는 불확실성을 토대로 삼는다. 전형적인 코일형(또는 삼각형)은 다음과 같은 형태를 보인다.

그림 36. 코일형

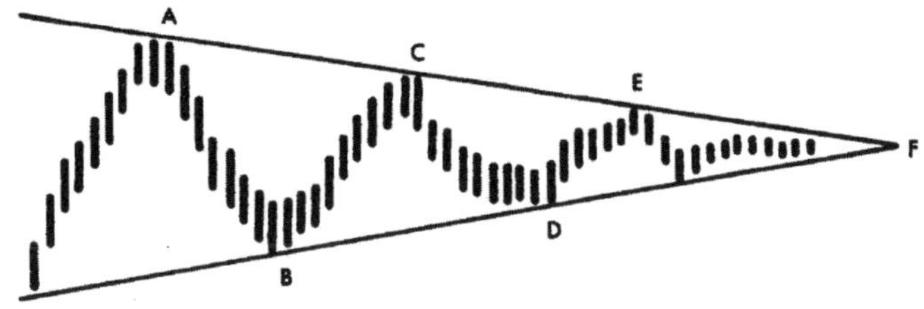

코일형이 나오면 언제나 시장 변동의 상승 국면 또는 하락 국면이 뒤따른다. 〈그림 36〉을 보면 주가는 A지점까지 상승한다. 그러나 이 지점에서 매수세가 사라지며 이익 실현이 이뤄진다. 그래서 '상승론자'의 머릿속에 어느 정도의 불확실성이 심어진다.

B지점으로의 반락은 이익 실현을 중단시키고 새로운 매수세를 끌어들인다. 뒤이어 C까지의 상승은 주가가 너무 높다고 생각하는 사람들을 불안하게 만든다.

C에서 D까지의 하락은 상승론자들 사이에서 불안을 가중시키고, E까지의 상승은 하락론자들 사이에서 불안감을 형성한다. 한편 매수자와 매도자 모두 향후 주가의 방향을 확신하지 못하면서 코일형이 전개되는 동안 거래량은 꾸준히 줄어든다.

코일형의 정점인 F지점에서 매수세와 매도세는 일시적으로 완전한 균형을 이룬다. 이 지점에서는 아주 작은 신규 매수나 매도가 균형을 무너뜨려서 상당히 가파른 상승 내지 하락을 초래한다. 그래서 코일형을 보고 주가를 확정적으로 예측하기는 매우 어렵다.

이제 어느 방향으로 갈까?

대부분의 경우(약 60% 정도)에 이 공급과 수요 사이의 균형은 일시적일 뿐이고, 장기적인 주가 추세가 잠시 멈춘 것에 불과하다. 따라서 코일형은 종종 우세한 추세가 지속됨을 나타내는 신호로 간주된다. 나머지 40%의 경우에는 다른 형태의 일부가 되거나 진정한 반전 신호가 된다.

이런 경우에도 코일형은 공급과 수요 사이의 균형을 나타낸다. 그래서 시장은 상세 또는 약세를 만드는 모든 새로운 영향에 민감해진다. 일부 경우에는 소규모 매수나 매도라도 일단 돌파가 이뤄지면 균등하게 나눠지거나 불확실한 시장의 관점을 바꾸기에 충분하다.

그림 37. 삼각형의 네 가지 종류

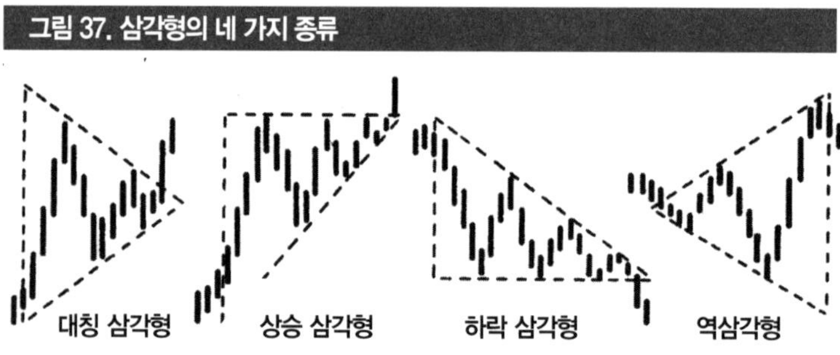

코일이라는 단어는 이 패턴의 '스프링' 같은 움직임을 의미한다. 반면 '삼각형'이라는 명칭은 추가적인 분석에 보다 유용하다. 삼각형은 기본적으로 차트에서 대칭(또는 이등변) 삼각형, 상승 삼각형, 하락 삼각형, 역삼각형 또는 깔때기형의 네 가지 형태를 지닌다. 각각의 형태는 다음과 같은 특성이 있다.

대칭 삼각형 : 상승의 고점과 반락의 저점을 잇는 선이 패턴의 정점 또는 중심점으로 수렴하는 경향이 있다. 주가가 이 선들 밖으로 벗어나면(거래량이 늘어나면 더 바람직하다) 형태가 완성된 것으로 간주된다.

상승 삼각형 : 이상적인 형태는 수평인 상단 선과 위로 기울어진 하단 선이 만나는 것이다. 이 형태가 의미하는 것은 상단 선에 해당하는 주가에 '공급선'이 존재하며, 시간이 지날수록 수요가 매도호가를 수용하면서 점점 적극적으로 변해가는 양상을 보여준다. 그러다가 수요가 마침내 공급을 초과하면 주가가 해당 선을 돌파하면서 형태가 완성된다. 거래량은 형태가 완성되는 동안 비교적 적게 유지되며, 돌파할 때에는 늘어난다.

하락 삼각형 : 상승 삼각형의 반대 형태로 하락이 재개될 것임을 알린다. 하단 선은 지지선 또는 수요선에 해당한다. 시간이 지날수

록 공급 또는 매도세는 점점 적극적으로 변해간다. 매도자들이 호가를 낮추면서 주가는 지지선이 무너질 때까지 낮아진다. 그에 따라 하단 선이 깨지면서 형태가 완성된다. 이 경우에도 거래량은 형태가 전개되는 동안 줄어들다가 붕괴할 때 늘어나는 경향이 있다.

역삼각형 : 깔때기형으로도 불리는 이 형태는 정상적인 삼각형 형태의 좌우가 바뀐 것처럼 보인다. 그러나 이것이 나타내는 상황은 매우 불안하고 불확실한 시장으로 정상적인 삼각형과 많이 다르다. 이 경우 거래량은 등락폭이 커짐에 따라 같이 늘어난다.

시장 전술

삼각형에 대한 분석은 추세선, 지지선, 저항선, 기타 다른 형태에 대한 분석과 연계되어야 한다. 다음 지침은 삼각형이 전개되는 양상을 보일 때 명심해야 할 사항들이다.

1. 모든 삼각형은 결국 이전의 추세가 지속되는 결과로 이어질 가능성이 크다.

2. 네 가지 기본 형태 중에서 상승 삼각형, 대칭 삼각형, 하락 삼

각형, 역삼각형의 순서로 추세가 지속될 가능성이 낮아진다.

3. 매수는 삼각형의 최저점에서 혹은 뒤이은 추세가 명확해진 다음에 이뤄져야 한다. 삼각형은 특히 신뢰할 수 없기 때문이다. 그래서 가짜 움직임이 많으며, 모든 형태 중에서 가장 신뢰성이 낮다.

차트 35. 퍼킨-엘머 : 삼각형

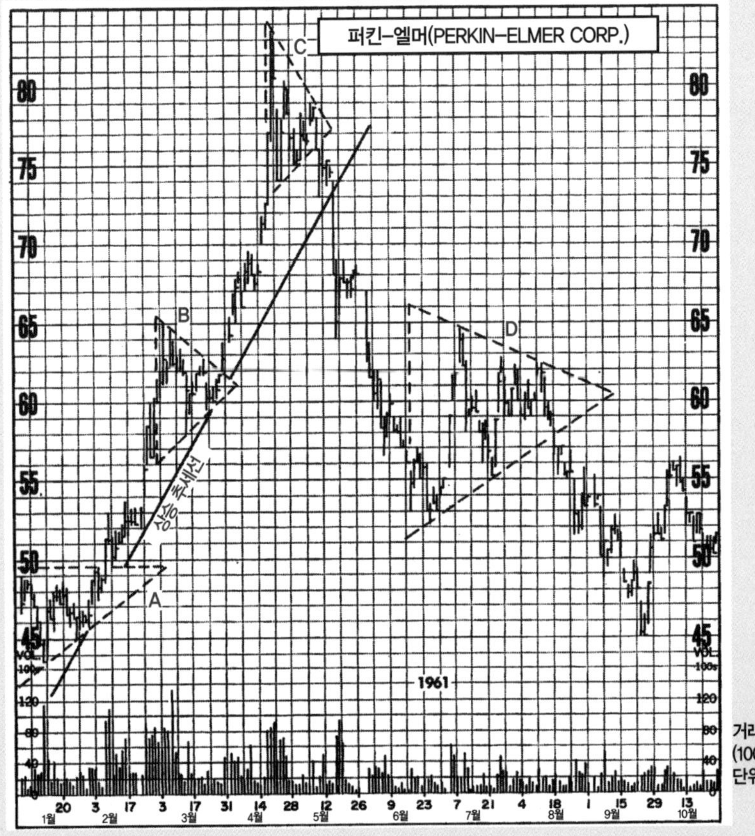
퍼킨-엘머(PERKIN-ELMER CORP.)
A
B
C
D
상승 추세선
1961
80
75
70
65
60
55
50
45
VOL 100s
120
80
40
0
거래량 (100주 단위)
20 3 17 3 17 31 14 28 12 26 9 23 7 21 4 18 1 15 29 13
1월 2월 3월 4월 5월 6월 7월 8월 9월 10월

〈차트 35〉의 퍼킨-엘머의 차트는 앞서 설명한 네 가지 주요 삼각형 중 두 가지를 보여준다. 해당 형태는 A, B, C, D로 표시되어 있다. A는 상승 삼각형이다. 먼저 삼각형이 지니는 첫 번째 의미는 우세한 추세의 지속임을 상기할 필요가 있다. 둘째로 상승 삼각형은 다른 유형보다 더 많이 추세의 지속을 나타낸다. B와 C는 평균적인 크기의 대칭 삼각형 또는 이등변삼각형이다. 여기서 B는 추세의 지속을 나타내며, 전체 상승폭의 중간 지점에 해당한다. 반면 C는 대규모 반전 형태로 진화한다. 초기 하방 돌파가 1~3월 저점을 따라 그려진 상승 추세선에서 멈춘 부분에 주목하라. 곧 이 추세선도 많은 거래량을 동반한 채 깨지고 대규모 하락 추세가 진행된다. D는 대형 대칭 삼각형 패턴으로 추세를 지속시킨다.

차트 36. 리튼 인더스트리스 : 대형 삼각형

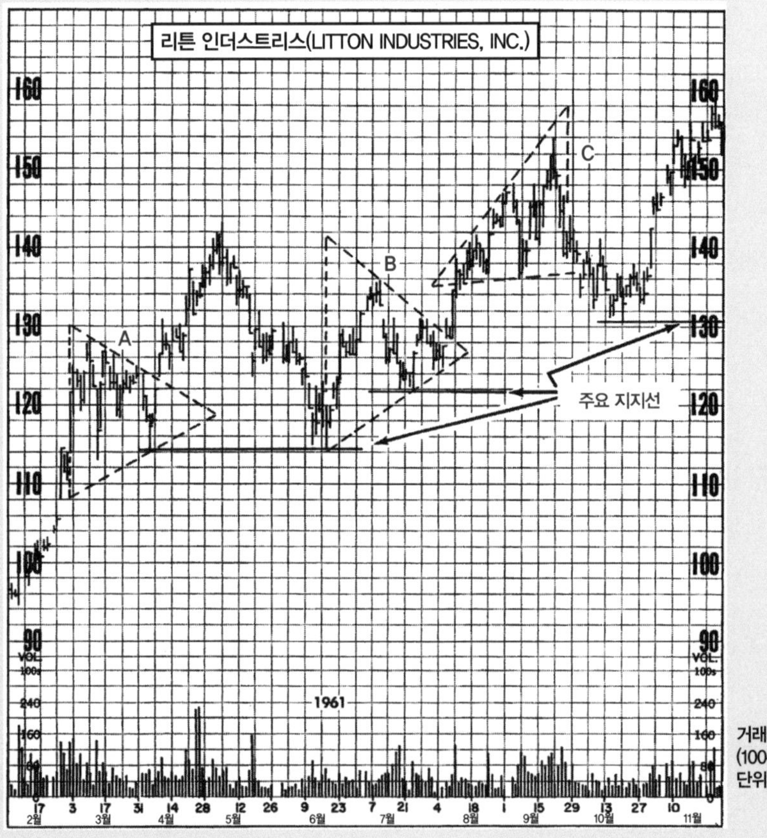

〈차트 36〉은 1961년에 강세를 보인 리튼 인더스트리스의 차트다. 여기서 유일한 주요 형태는 비교적 크기가 큰 삼각형들(A, B, C)이다. 이 밀집된 삼각형들은 형성되는 동안에 혼란을 초래할 수 있지만 여전히 추세의 지속을 나타낸다(주가는 88달러선에서 출발하여 11월에 160달러에 이른다). A와 B는 거의 완벽한 대칭 또는 이등변 삼각형이며, C는 이례적으로 형태가 분명한 역삼각형이다. C에서 나온 가짜 하방 돌파는 그다지 우려할 것이 아니다. 이런 형태의 삼각형에서 종종 발생하는 일이기 때문이다. 그러나 역삼각형은 매수자와 매도자의 마음속에 커다란 불확실성이 자리 잡고 있음을 말해 준다. 또한 역사적으로 높은 수준에서 발생하면 고점임을 경고하는 것일 수 있다. 〈차트 36〉을 보면 주요 지지선은 깨지지 않는다. 한편 삼각형 A와 B를 같이 놓고 보면 불완전한 대형 헤드앤드숄더의 왼쪽 어깨와 오른쪽 어깨처럼 보인다.

차트 37. 스튜드베이커-패커드 코퍼레이션 : 삼각형(천장형)

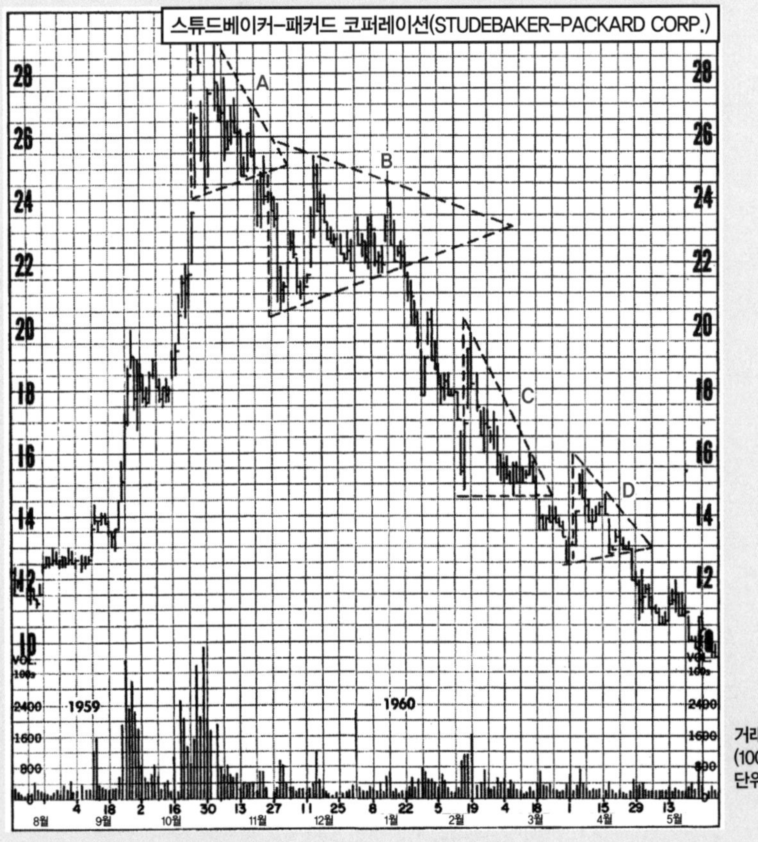

〈차트 37〉은 스튜드베이커-패커드의 차트다. 1959년, 1960년, 1961년에 걸쳐 스튜드베이커-패커드는 뉴욕증권거래소에서 가장 활발하게 거래되는 상위 5개 종목에 꾸준히 속해 있었다. 1959년에는 전체 최대 거래량의 10%를 차지하는 날도 있을 정도였다. 이렇게 활발하게 거래된다고 해서 차트 형태의 중요성이 바뀌지는 않는다.

〈차트 37〉에서는 코일형과 삼각형이 지배적이다. 하락 삼각형인 A는 대천장으로 진화한다. 주가는 삼각형 A에서 정점을 이룬 후 대규모 이등변 삼각형 또는 대칭 삼각형 B를 형성한다. 삼각형 C와 D는 모두 정확하게 하락 추세를 예언한다. 다음 10장을 읽고 난 후 이 차트를 다시 보면 9월과 10월의 상승을 알리는 아주 깔끔한 페넌트형이 눈에 띌 것이다.

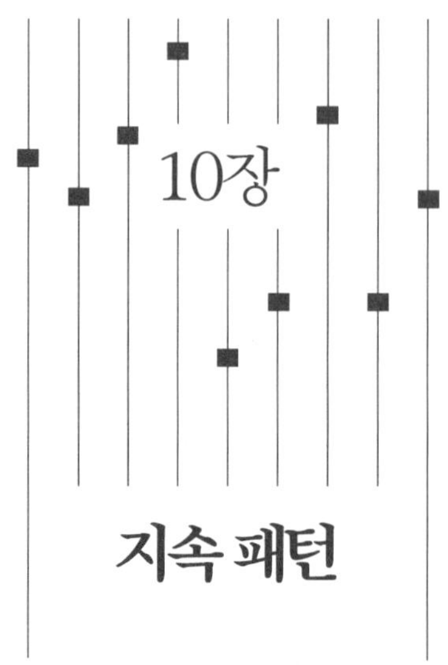

10장 지속 패턴

아무리 강한 추세도 중단 없이 계속 나아가지는 않는다. 추세는 이익 실현이나 지지선, 저항선 또는 다른 방해에 부딪힌다. 일시적으로 추세 이면의 힘이 약해지거나 맞서는 측의 저항이 거세지고, 공급과 수요의 상호작용으로 차트에 새로운 패턴이 형성되기 시작한다. 이 패턴이 힘의 균형에 주요한 변화를 나타내는 경우 우리는 이를 '반전 패턴'이라고 부른다. 반대로 잠시 멈추기만 할 뿐 원래 추세가 재개되면 우리는 이를 '지속 패턴'이라고 부른다.

엄밀히 말하자면 삼각형은 종종 지속 패턴에 속한다. 대부분의 경우 뒤이어 이전 추세가 지속되기 때문이다. 그러나 삼각형이 범주에서 벗어나 반전을 초래하는 경우도 많다. 그래서 이 까다로운 패턴을 앞에서 따로 살핀 것이다. 그러면 이번에는 훨씬 믿을 만한 지속 패턴들을 살펴보도록 하자. 거기에는 박스형, 깃발형, 페넌트형, 쐐기형, 다이아몬드형이 있다. 각각의 이름은 형태를 비교적 정확하게 묘사한다.

그림 38. 박스형

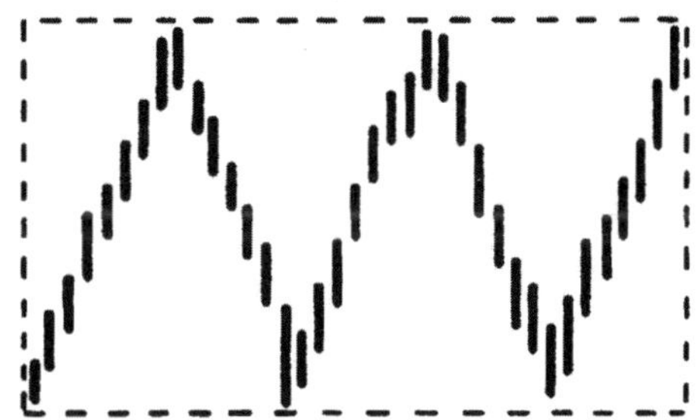

몇 주 또는 몇 달에 걸친 주가 변동은 정사각형 또는 직사각형을 그린다. 이 패턴은 아주 흔하게 나타난다. 박스형은 대개 주가가 동일하게 강한 지지선과 저항선 사이에 갇힌 상황을 의미한다. 그래서 매수자도 매도자도 우위를 차지하지 못한 채 주가가 한동안 지지선과 저항선 사이에서 오르내린다. 박스형으로부터의 돌파는 (삼각형의 경우와 달리) 대개 유효하며, 뒤이어 주가가 나아갈 방향을 알려준다.

그림 39. 깃발형

깃발형은 그다지 바람이 불지 않는 상황에서 펄럭이는 깃발의 모양을 지녀야 한다(그렇지 않으면 박스형이 된다). 약 45도 아래로 기울어진 평행 사변형이 이상적인 형태다. 깃대는 양호한 거래량으로 갑작스럽게 이뤄진 가파른 상승에 의해 만들어진다. 또한 깃발의 주름 또는 펄럭임은 뒤이은 하락세 속에서 주가의 변동으로 만들어진다. 느슨하게 형성된 깃발형 또는 폭넓은 깃발형 패턴은 신뢰해서는 안 된다. 특히 아래로 처지지 않고 위로 기울어진 경우는 특히 그렇다.

반면 비교적 빠르게 만들어진 조밀한 깃발형은 설령 위쪽으로 기운다고 해도 차트 형태 중에서 가장 믿을 만하다. 그 신뢰성은 시장 심리에 따른 단순하고 흔한 패턴이 깃발형을 만든다는 사실을 토대로 한다. 양호한 거래량을 동반한 가파른 상승은 깃대를 형성한다. 이 상승은 또한 이익을 실현하고 싶어 하는 수많은 잠재적 매도자를 만든다. 주가 상승은 즉각적인 수요 중 다수를 소진시킨다. 따라서 이후 거래량이 줄고 주가는 흘러내리는 경향이 있다. 뒤이어 일련의 저점은 이전 저점보다 낮다. 또한 각각의 상승은 이전 고점을 넘어서지 못한다. 수요가 일시적으로 약화되었기 때문이다. 이렇게 주가가 흘러내리는 경향은 새로운 매도자들이 만족했을 때 멈춘다. 그리고 이제부터 주가는 원래의 경로를 재개하고, 숨어 있던 매수자들은 안심하고 나온다.

그림 40. 페넌트형

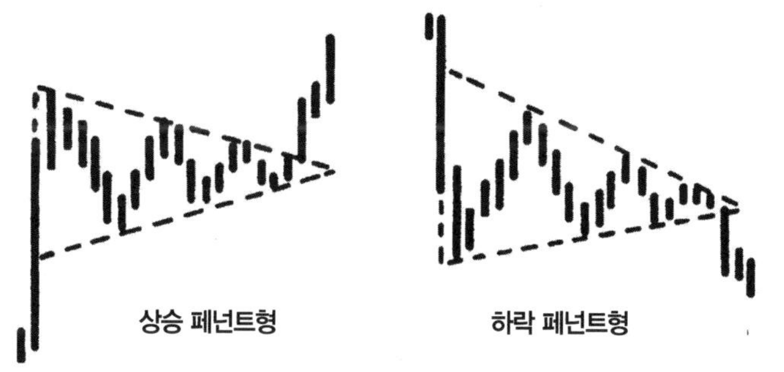

페넌트형은 깃발형처럼 양호한 거래량과 함께 가파른 상승으로 형성된 봉을 갖는다. 다만 페넌트형은 강한 바람을 수반한다. 그래서 깃발형처럼 아래로 처지지 않고 대체로 수평선을 따라 전개되며 삼각형을 이룬다. 이는 보합 기간에 공급과 수요가 깃발형보다 더 균형을 이룬다는 것을 말해준다.

거래량 패턴은 깃발형과 비슷하지만, 페넌트형이 더 믿을 만하다. 또한 페넌트형은 조밀할수록 추세가 왕성하게 재개될 것이라는 신호로 신뢰도가 높아진다.

그림 41. 쐐기형

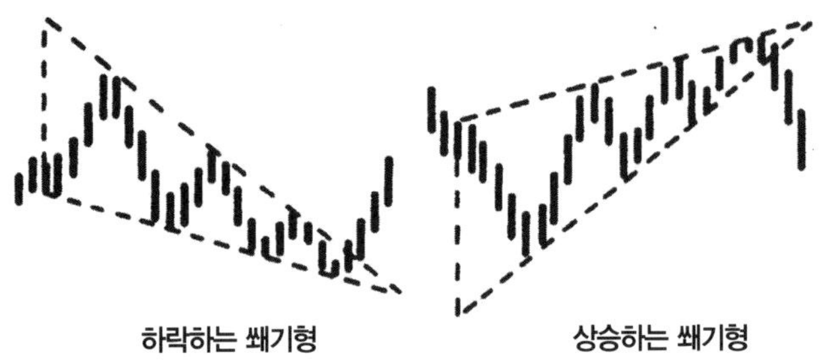

쐐기형은 앞서 설명한 다른 패턴들이 혼합된 형태다. 그래서 깃발형과 비슷하지만 주가 변동의 고점과 저점들이 형성한 선이 평행하지 않고 수렴하는 경향이 있다. 쐐기형이 '봉(Pole)'으로 볼 수 있는 가파른 주가 움직임 뒤에 형성되면 아래로 기울어진 페넌트형과 비슷할 수 있다. 또한 삼각형의 일부 특성도 지닐 수 있다. 그러나 삼각형은 수평을 이루지만 쐐기형은 위나 아래로 기울어진다. 이 기울어짐이 바로 쐐기형을 다른 지속 패턴들과 구분한다.

하락하는 쐐기형은 주요한 상승세로 보는 경향이 있으며, 대개 강세를 나타낸다. 또한 이상하게도 상승하는 쐐기형은 하락 추세에서 발생하는 경향이 있다. 다른 패턴들처럼 거래량은 쐐기형이 형성되는 동안 줄어들었다가 돌파 시에 늘어나는 경향이 있다.

그림 42. 다이아몬드형

다이아몬드형은 대부분 주가가 크게 오르내린 후 찾을 수 있다. 이 시기는 투자자들이 해당 종목에 대해 열망과 우려가 번갈아 나타나며 흥분하는 때다. 그에 따라 자연스럽게 주가는 출렁이게 된다. 만약 흥분이 덜하다면 주가는 거의 수평을 유지할 것이다. 그러나 이 경우에는 높은 거래량과 함께 주가가 갈수록 큰 폭으로 오르내린다. 그러다가 흥분이 잦아들기 시작하면 등락폭과 거래량이 눈에 띄게 줄어든다. 이 시점에서 지난 고점과 저점들은 다이아몬드 모양을 형성한다. 나중에 주가가 고점이나 저점을 뚫으면 거래량이 급격하게 늘어날 수 있다.

다이아몬드형은 앞서 살펴본 다른 지속 패턴보다 까다롭다. 사실 일부 다이아몬드형은 반전 패턴으로 전개되며, 다른 형태의 패턴과 혼동되는 경우도 있다. 예를 들어 주가 변동이 헤드앤드숄더나 확장된 V자형과 비슷하게 보일 수 있다. 다이아몬드형의 두드러진 특징은 천장과 바닥을 이루는 지점들 그리고 거래량에 있다. 다이아몬드형이 나온 후 전개되는 한 가지 패턴은 언급할 가치가 있다. 종종 주가는 분명한 다이아몬드형의 천장을 아래에서 뚫은 다음 방향을 틀어서 가파르게 더 높은 지대로 올라간다. 다이아몬드형은 까다롭기는 하지만 종종 흥미로운 전개로 이어진다. 그래서 여성이라면 알고 있듯이 수집할 가치가 있다.

시장 전술

조밀한 박스형, 깃발형, 페넌트형에서 나오는 돌파는 향후 추세를 말해주는 매우 믿을 만한 신호다. 이것들은 대개 빠르고 폭넓은 움직임에 앞서 주가가 움직이는 방향을 알려준다. 이런 이유로 일부 단기 투자자들은 이 신호만 보고 행동한다.

확실히 믿을 만하지는 않지만 그래도 다른 것보다 믿을 만한 패턴은 느슨하게 만들어진 박스형, 페넌트형 그리고 모든 쐐기형과 다이아몬드형이다. 이런 패턴은 대규모 추세 전개의 다른 신호들을 확증하는 데 도움을 준다. 또한 당연히 지지선과 저항선 그리고 양호한 매수 지점 또는 매도 지점을 파악하는 데 유용하다.

주의사항

지속 패턴으로 보이는 것이 갑자기 무너지고 아무 예고 없이 반전 형태로 바뀌는 것은 언제나 가능하다. 차트 추종자는 이런 위험을 일어날 수 있는 일 중 하나로 받아들여야 한다. 또한 경각심을 유지하면서 항상 추세에 따라 방향이 바뀌는 데 준비해야 한다.

차트 38. 제너럴 타임 : 핵심 반전일

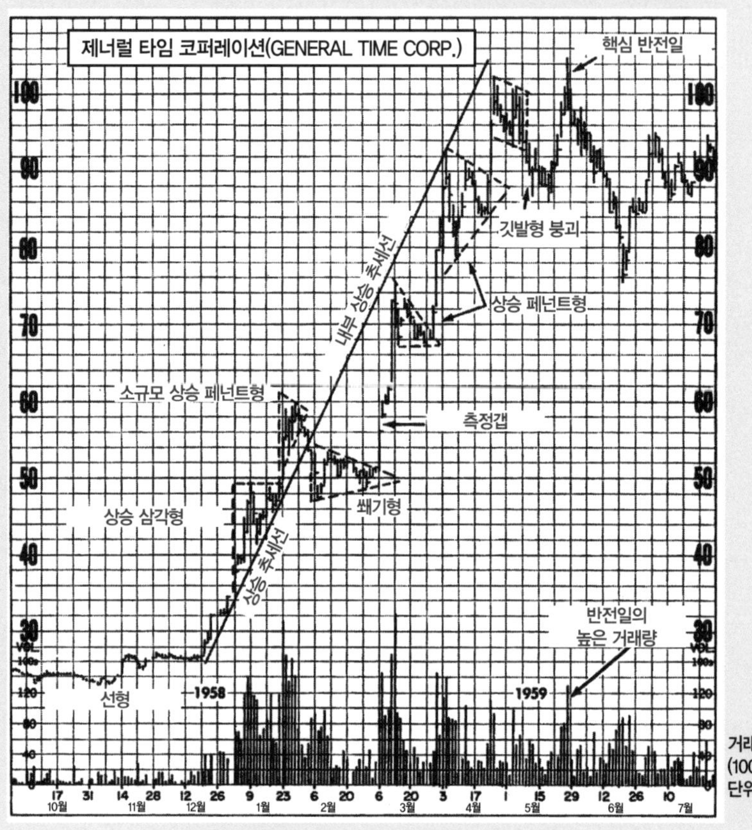

〈차트 38〉은 앞서 설명한 형태들의 만화경이다. 9월과 12월 사이에 선형 또는 긴 바닥이 형성되어 활발하게 강세 움직임을 준비한다. 삼각형, 깃발형, 페넌트형, 갭들은 상승을 알린다. 2월 5일에 가파른 상승 추세선이 뚫린다. 그러나 뒤이어 연장된 추세선의 하단을 따라 상승세가 재개된다. 2장에서 이를 내부 추세선으로 설명했다. 흥미로운 부분은 완성되지 않은 페넌트형(1월 말)과 깃발형(4월 말)이다. 두 경우 모두 나중에 신고점이 나온다. 그러나 깃발형의 붕괴는 임박한 고점을 경고한다. 핵심 반전일은 높은 거래량을 수반하면서 하락의 시작을 알린다. 이후 5개월 동안 지속된 하락세는 주가를 60달러까지 되돌렸다.

차트 39. 버로스 : 쐐기형, 깃발형, 다이아몬드형

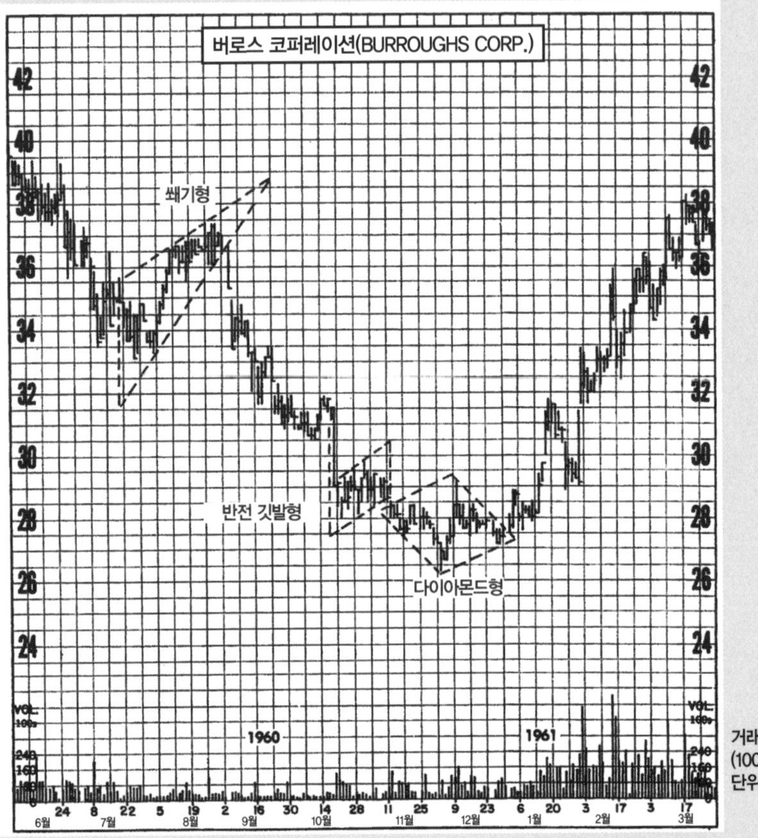

〈차트 39〉를 보면 왼쪽에 가장 먼저 나온 형태는 비교적 크게 상승하는 쐐기형이다. 이전 장에서 설명한 대로 기울어진 각도로 쐐기형과 삼각형을 구분한다. 또한 상승하는 쐐기형은 약세를 나타내며, 이는 하방 돌파로 확증된다. 반전 깃발형의 깃발이 상하가 뒤집힌 채로 형성되기도 한다는 것을 보여준다. 이 깃발형은 적어도 한동안 하락이 계속될 것임을 말해주는 매우 믿을 만한 신호다. 깃발형이 완성된 직후에 주가는 분명한 다이아몬드형을 이룬다. 이 차트에서 다이아몬드형은 주요 추세의 반전을 나타내는 것으로 증명된다. 이는 까다롭기는 하지만 지속 패턴으로 알려진 다이아몬드형으로서는 흔치 않은 역할이다.

차트 40. 허츠 : 다이아몬드형

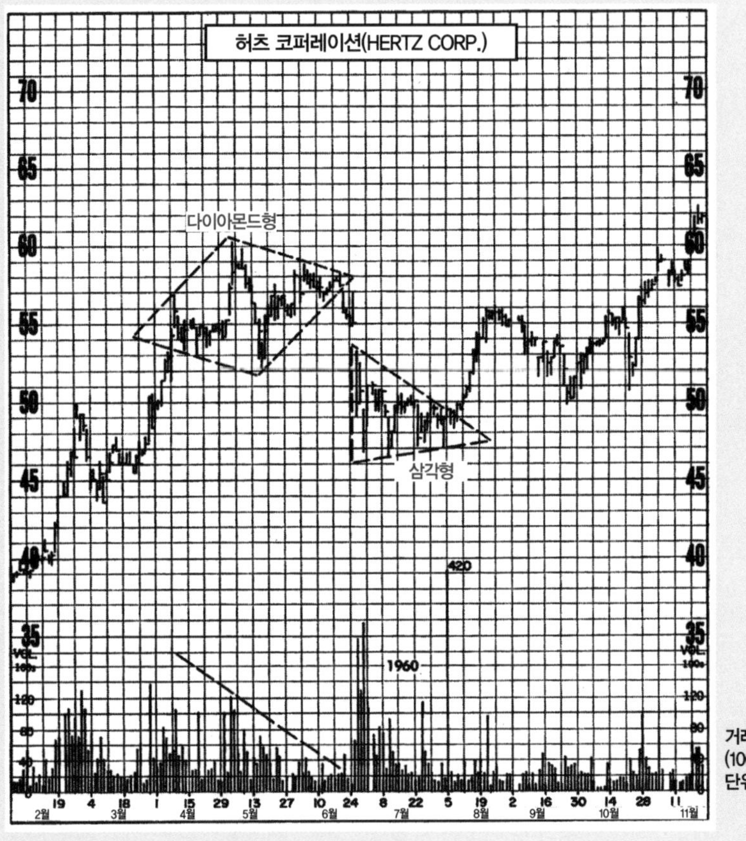

허츠 코퍼레이션(HERTZ CORP.)
다이아몬드형
삼각형
420
1960
70
65
60
55
50
45
40
35
VOL.
100s
120
80
40
0
19
4
18
1
15
29
13
27
10
24
8
22
5
19
2
16
30
14
28
11
2월
3월
4월
5월
6월
7월
8월
9월
10월
11월
거래량
(100주
단위)

〈차트 40〉을 보면 4, 5, 6월에 형성된 다이아몬드형은 경험이 부족한 차트 분석가들이 종종 헤드앤드숄더로 오해하는 형태다. 그러나 경험 많은 차트 분석가는 그 차이를 쉽게 구분할 수 있다. 무엇보다 머리에서 시작된 하락이 왼쪽 어깨가 되어야 할 부분의 저점 아래로 내려간다. 대다수 다이아몬드형에서는 어깨를 파악하기 어렵다. 앞에서 설명한 다이아몬드형의 행동 패턴은 이 차트에 나온 모양과 일치한다. 앞에서 언급한 대로 "종종 주가는 분명한 다이아몬드형의 천장을 아래에서 뚫은 다음 방향을 바꿔서 가파르게 더 높은 지대로 올라간다". 초기 돌파는 반전처럼 보이지만, 여기서 다이아몬드형은 지속 패턴으로 드러난다.

차트 41. 제너럴 인스트루먼트 : 박스형과 박스 천장형

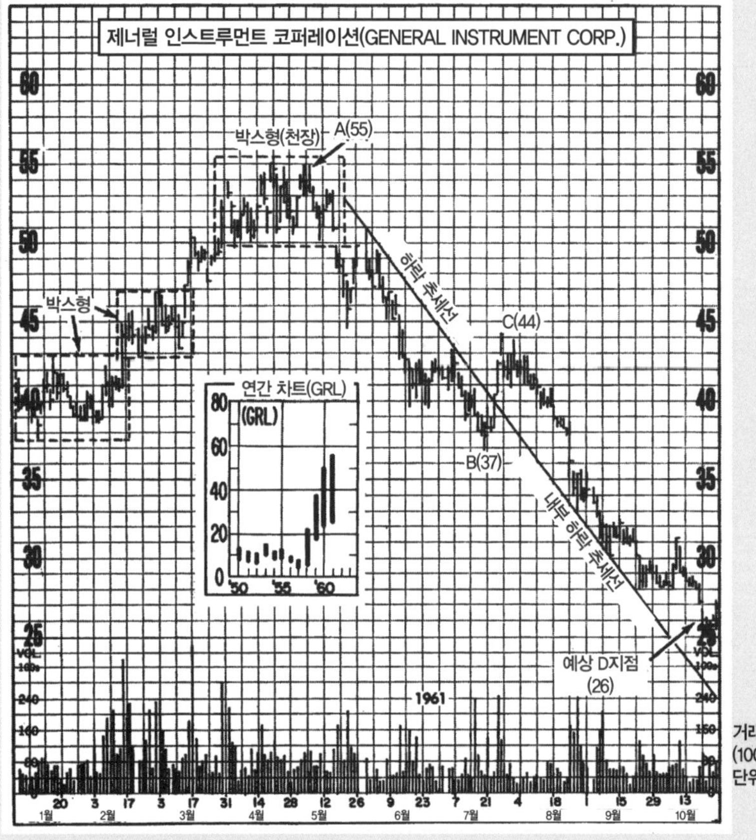

〈차트 41〉의 제너럴 인스트루먼트의 차트를 보면 1961년 초에 일련의 박스형이 나타난다. 세 번째 박스형은 주요한 고점으로 진화하면서 5개월이 채 못 되어 약 55%의 가치를 하락시키게 된다.

앞선 장에서 설명한 대로 박스형은 대개 지속 패턴이며, 가끔씩 주요 전환을 알린다. 이 장기 패턴은 이런 예외를 찾아내는 데 도움을 준다. 첫째, 제너럴 인스트루먼트의 주가는 4년 동안 상승한 후 50~55달러 구간에서 역대 최고치에 이른다. 이 정도 높이는 누구라도 약간 어지럽게 만든다. 둘째 (차트에는 나오지 않지만) 스윙 패턴의 목표치가 55달러에서 달성된다. 셋째, 패턴이 완성되면서 주요 추세선이 붕괴된다. 뒤이은 하락은 내부 추세선과 하락 스윙 패턴 형태를 잘 보여준다. 7월에 처음 하락 추세선을 돌파한 후 주가가 추세선의 상단을 따르고, A지점과 B지점 사이의 길이가 C지점과 D지점 사이의 길이와 거의 같은 점에 주목하라.

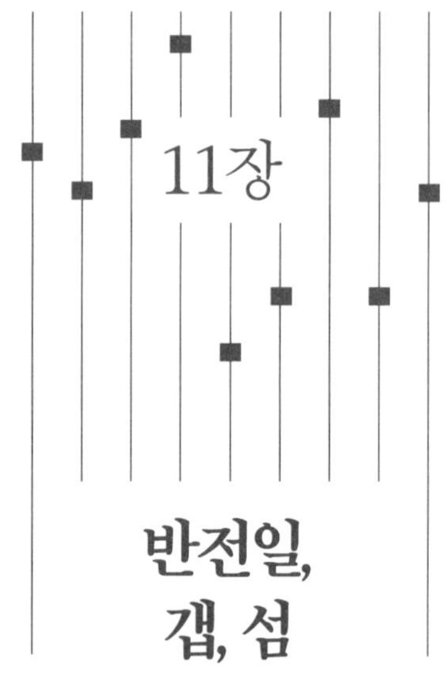

11장 반전일, 갭, 섬

차트 분석가들은 오랫동안 그래픽 용어로 흥미로운 패턴을 묘사했다. 그중에서 부지런한 투자자들에게 익숙할 네 가지 용어는 갑작스럽고 두드러진 전개를 표현한다. 그 용어는 핵심 반전일(Key Reversal Days), 대활황일(High Activity Days), 갭(Gap), 섬(Island)이다. 이들이 추세 예측 지표로써 가지는 신뢰도는 한정적이다. 그래도 주식 차트에서 비교적 자주 등장하며, 때로 이런 이벤트 중 하나가 단기간에 일어날 주요한 추세 전환을 나타내기도 한다. 따라서 이런 현상이 등장하면 상황을 면밀히 살펴볼 필요가 있다.

반전일

주가가 한동안 오른다. 그리고 이 특정한 날에 신고점까지 밀고 올라간 후 갑자기 대량 매도세와 마주친다. 주가는 가파르게 하락하며 전날 종가 아래에서 마감한다. 다시 말해서 당일 기준으로 손실이 난다. 이렇게 신고점과 당일 손실이 결합된 것을 '고가 반전일(Top Rversal Day)'이라고 부른다.

반대로 '저가 반전일(Bottom Reversal Day)'은 하락 추세가 전개되는 동안 주가가 신저점을 기록한 후 상승하여 당일 기준으로 수익이 나는 것이다.

그림 43. 핵심 반전일

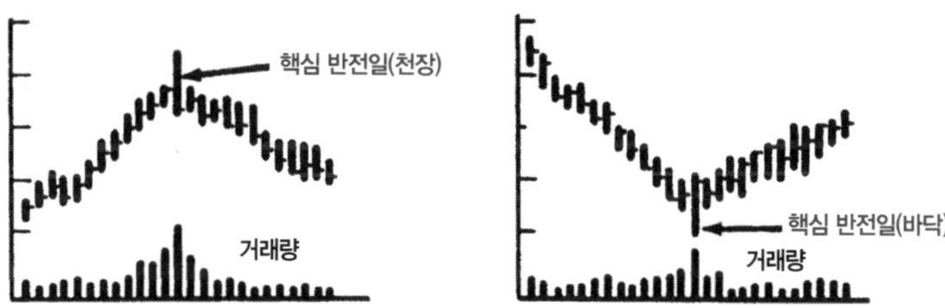

일반적으로 이런 반전일은 우세한 추세의 일시적인 중단을 나타낸다. 또한 경우에 따라 상승 또는 하락의 속도가 늦춰지는 것을 나타낼 수도 있다. 뒤이어 방향이 크게 바뀌는 경우는 매우 적다.

이 경우 해당 일은 '핵심 반전일'이라고 부른다. 새로운 추세가 자리를 잘 잡으면 이날은 쉽게 파악할 수 있지만, 며칠 안에 감지하기는 매우 어렵다. 다만 이례적인 거래량이 단서가 될 수 있지만, 다른 단서들도 찾아내야 한다. 예를 들어 반전일이 주요 지지선 또는 저항선에서 나왔는지 파악해야 한다.

조정 없이 오랫동안 상승하자 일부 단기 투자자들이 약간 불안해져서 약점이 드러나는 첫 번째 신호에 매도하기로 결정했을 수도 있다. 이런 일은 주가가 신고점을 찍은 후 반락하면서 같은 날 손실을 낼 때 일어난다. 반전일 신호 자체가 충분한 수의 보유자들이 다음 날 매도에 나서도록 연쇄반응을 촉발할 수 있다.

주요 하락의 바닥에서 나오는 핵심 반전일을 파악하고 설명하는 것은 조금 더 쉽다. 최후의 '상승론자들'은 너무나 오랫동안 매달린 나머지 이제 희망을 잃었다. 그들은 상황이 더 나빠질까 봐 주식을 처분하고 손실을 떠안기로 결정한다. 그들이 매도에 나서면서 주가는 신저점을 찍는다. 이때 증권사는 고객에게 연락하여 더 많은 증거금을 요구하기 시작하고, 이는 더 많은 매도로 이어진다. 주가는 광란의 거래로 가파르게 떨어진다. 그러다가 여름날의 폭풍처럼 갑자기 매도세가 잦아든다.

공매도자들은 포지션을 청산하여 이익을 취하기 위해 약간의 주식을 매수한다. 그러나 다른 매수자들이 살 물량이 거의 없다. 그래서 주가가 쉽게 상승하여 전날 종가 위에서 마감한다. 단기 투자자들은 매도세가 절정에 이르렀으며 당일 수익이 난 것을 확인하고 적어도 복귀 움직임을 보일 때 매수하기로 결정한다.

그림 44. 2일 반전

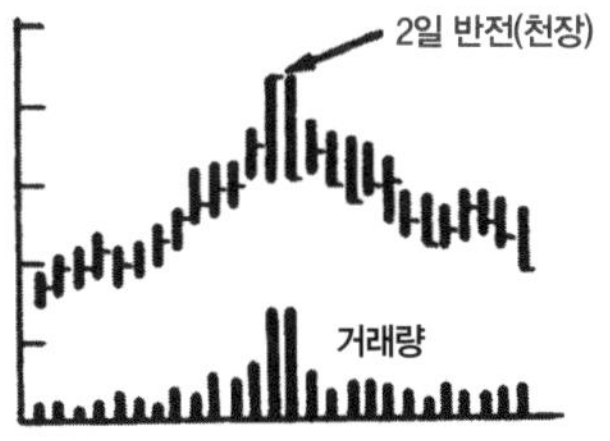

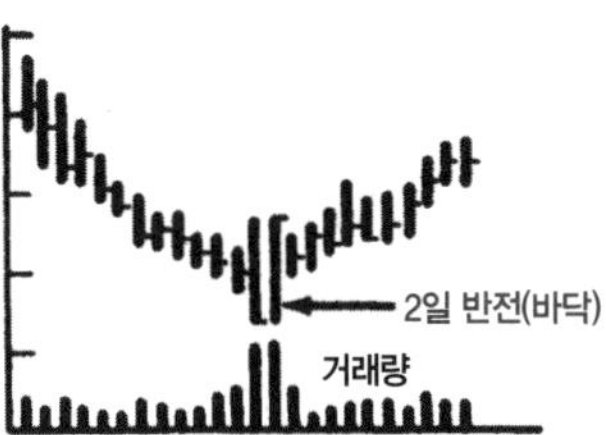

이 패턴은 변형된 '2일 반전'이다. 주가가 크게 상승했다고 가정해보자. 문제의 첫째 날 주가는 신고점에 도달한 후 당일 고점 근처에서 마감한다. 둘째 날, 주가는 장이 열린 후 변동이 없다가 흘러내리며 장 마감을 앞두고 매도세가 나오면서 당일 저점에서 마감한다. 이 저점은 전날 저점과 비슷한 위치에 있다.

단기 투자자들은 첫날의 강한 움직임 이후 주가가 계속 상승할 것으로 예측했다. 그러나 주가가 신고점에 이르지 못하고 전날 저점까지 떨어지면 그들의 믿음이 흔들린다. 이런 충격은 다른 조건들이 충족됐을 경우 대규모 반전으로 이어질 수 있다. 이번에도 많은 거래량이 유용한 단서가 된다. 또한 1일 반전과 마찬가지로 변형된 2일 반전도 상승의 천장과 하락의 바닥에서 발생한다.

갭

가끔 주가는 장이 시작하면서 전날 최고가보다 높은 가격에서 시작하여 계속 오를 수 있다. 또는 전날 최저가보다 낮은 가격에서 시작하여 계속 내릴 수 있다. 어느 쪽이든 차트에 두드러진 갭을 남긴다. 갭이 두드러지는 이유는 일반적으로 그날의 주가 폭이 전날과 다음 날의 주가 폭과 겹치기 때문이다. 갭은 분석가에게 정보를 제공할 수 있다. 그러나 먼저 어떤 종류의 갭인지 파악한 다음 그 종목의 특성을 살펴봐야 한다.

그림 45. 갭의 종류

일반 갭 : 활발하게 거래되는 종목은 비교적 작은 갭을 만든다. 이런 종목에서 나오는 갭은 매우 중요한 의미를 지닌다. 갭은 거래

량이 아주 적은 종목의 차트에서 훨씬 자주 나타난다. 이런 종목의 경우 비교적 적은 매수 주문이나 매도 주문으로 주가를 크게 움직이게 한다. 그 결과로 나온 갭은 사실상 무의미하게 보이는 것이 당연하다. 그럼에도 이전의 차트 분석가들은 이 빈약한 형태를 토대로 고집스레 이론을 구축했다.

대개 일반 갭을 만드는 종목의 주가는 단기간에 해당 구간을 다시 지나가는데, 이를 '갭 메우기'라고 한다. 구시대 투자자들은 모든 갭이 메워져야 한다고 주장한다. 설령 평생이 걸리더라도 말이다. 하지만 이런 가정만 믿고 돈을 넣어서는 안 된다. 언제나 그렇듯 갭의 중요성을 판단하기 전에 주가와 거래량의 과거 패턴을 세심하게 살펴야 한다.

돌파 갭 : 돌파 갭은 성격이 다른 갭이다. 그래서 대체로 중요한 패턴이 완성된 후에 발생하며, 종종 주요 주가 변동의 시작을 나타낸다. 상방 돌파 갭은 대개 거래량의 급증을 동반하며, 당일의 고점과 저점 사이에 일반적인 수준보다 큰 폭으로 나타날 가능성이 크다. 다시 말해서 차트에서 긴 수직선을 만든다.

하방 돌파 갭은 많은 거래량을 동반할 수 있다. 그러나 여기서 거래량은 크게 중요하지 않다. 상방이나 하방으로의 돌파는 시장가에 매수(또는 매도) 주문이 집중되게 만든 지난밤의 재료를 말해준다. 주식 분할, 배당, 합병, 정부 조치, 전쟁 공포 등 예기치 못한 뉴스가 거기에 해당한다. 이런 재료는 상당한 시간 동안 시장 심리를 바꾸기에 충분하다. 그래서 주요한 주가의 변동이 발생한다.

돌파 갭은 때로 주가의 빠른 반락으로 '메워진다'. 그러나 돌파 방향으로 이동 속도가 빨라지는 경우가 더 많다. 돌파 갭이 처음 나온 이후 상황에 대한 흥분이 퍼져나가면서 주가가 하나 이상의 추가적인 갭을 만드는 경우도 드물지 않다.

급진 갭(또는 측정 갭) : 수준 높은 단기 투자자들은 반락 때 매수하기를 선호한다. 그래서 종종 주요 상승이 진행된 후 반락이 나오기를 기다린다. 그러나 때로 주가는 반락하지 않고 상승이 가속되기도 한다. 그러면 기다리던 단기 투자자들은 버스를 아예 놓칠까봐 급히 뛰어오른다. 동시에 공매도를 한 사람들은 큰 폭의 상승을 내다보고 손실을 줄이기 위해 매수를 서두른다. 또한 급상승은 일반 대중의 흥분을 불러일으킨다. 이런 원천들로부터 새로운 매수세가 일어나면서 급진 갭이 연이어 생겨난다.

급진 갭은 측정 갭이라고도 한다. 종종 대규모 주가 등락의 중간 지점에서 발생하며, 움직임의 규모를 측정하는 데 활용되기 때문이다. 예를 들어 어떤 종목이 20~22달러 구간에서 바닥을 만든 다음 40달러까지 오르며 급진 갭을 만들었다고 가정하자. 이 경우 주가는 58~60달러 구간까지 나아갈 가능성이 크다.

소진 갭 : 긴 상승이 계속될수록 점점 더 많은 주식 보유자가 좋아하는 동시에 불안해한다. 그들은 이 상승이 영원히 계속될 수 없다고 생각하지만, 주식을 매도하여 상승의 많은 혜택을 놓치는 것도 싫어한다. 가끔 모험적인 투자자는 주가가 과도하다고 판단하여 공매도를 한다. 그러나 상승세에 탄력이 붙으면 급히 커버링에 나서면서 매수세를 강화한다. 최후의 돌발적 매수는 주가가 하나 또는 일련의 갭을 형성하게 만든다. 그리고 주가는 상당수의 보유자들이 오래전에 이익을 실현하려고 마음먹은 구간에 진입한다. 상승은 많은 거래량 속에 발목이 잡히고, 주가는 일주일 안에 '갭을 메울' 수 있다. 그러면 앞서 나온 갭이 소진 갭임이 명확해진다. 소진 갭은 최후의 반짝 매수세를 나타낸다. 이후에 '지친' 상승세는 멈춰서 휴식을 취하거나 하락세에 굴복한다. 급진 갭과 소진 갭을 빨리 구분하려면 (매우 중요한) 전체 상황을 신중하게 살펴야 한다 (물론 두 갭은 상승 구간뿐 아니라 하락 구간에서도 발생한다).

섬꼴 반전 : 소진 갭 뒤에 추세가 급히 돌아서면서 돌파 갭이 나오면 차트에 섬 모양이 생긴다. 예를 들어 XYZ 종목이 강하게 상승하는 중이다. 어느 날(수요일이라고 가정하자) 주가는 정점에 이르러 많은 거래량과 함께 신고점으로 장을 연 후 추가 상승한다. 그러다가 수요가 약화되기 시작하면서 상당한 이익 실현 물량이 나온다. 그럼에도 주가는 차트에 갭을 남길 만큼 충분히 오른 상태로

마감한다. 그러나 밤새 매도 주문이 너무 많이 쌓이는 바람에 목요일 시초가는 수요일 최저가보다 낮게 형성된다. 이후에도 주가는 계속 떨어진다.

이 경우 차트에서 수요일의 매매 구간을 나타내는 선은 양쪽이 잘린 채 따로 나온다. 이를 '1일 섬꼴 반전'이라고 부른다. 다른 섬꼴은 이틀 이상에 걸쳐 형성된다. 어느 경우든 이것은 우세한 추세에서 최소한 일시적인 중단을 의미한다. 또한 이례적인 거래량을 동반하는 경우에는 특히 추세의 주요 반전을 의미한다(뒤에 나오는 〈차트 42〉의 애브넷의 차트를 참고하라).

대활황일

거래량이 예외적으로 많거나 주가가 이례적으로 등락하는 (이 두 가지는 종종 같이 간다) 날은 대활황일이라고 한다. 대활황일은 분명히 당일, 해당 주가에서 상당한 손바뀜이 일어났음을 말해준다. 뒤이은 주가 변동은 매수자들이 현명한 결정을 했는지, 아니면 어리석은 결정을 했는지 판가름한다. 어느 경우든 대활황일을 자세히 살펴보면 유용한 정보를 얻을 수 있다. 예를 들어 해당 주가에 나올 대규모 매도 대기 물량(Overhang, 오버행)이 해소되면서 주가가 매도 압력을 거의 받지 않는 가운데 자유롭게 상승할지도 모른다.

시장 전술

투자자, 분석가는 1일 또는 2일 반전, 갭, 섬, 대활황일 등 이 장에서 다룬 모든 특이한 현상을 '경고 신호'로 받아들여야 한다. 물론 각 사례는 차트의 전반적인 틀 안에서 고려해야 한다. 거기에는 추세선, 지지선 및 저항선 그리고 반전 패턴이 포함된다. 각 상황의 특수한 환경은 매수해야 할지 또는 매도해야 할지를 좌우한다. 그래서 불변의 법칙을 제시할 수는 없다. 그러나 다른 한편으로 경고 신호를 무시해서는 안 된다. 뒤에 나오는 일부 역사적 사례는 이런 경고가 얼마나 중요한지 보여준다.

차트 42. 애브넷 : 섬꼴 반전

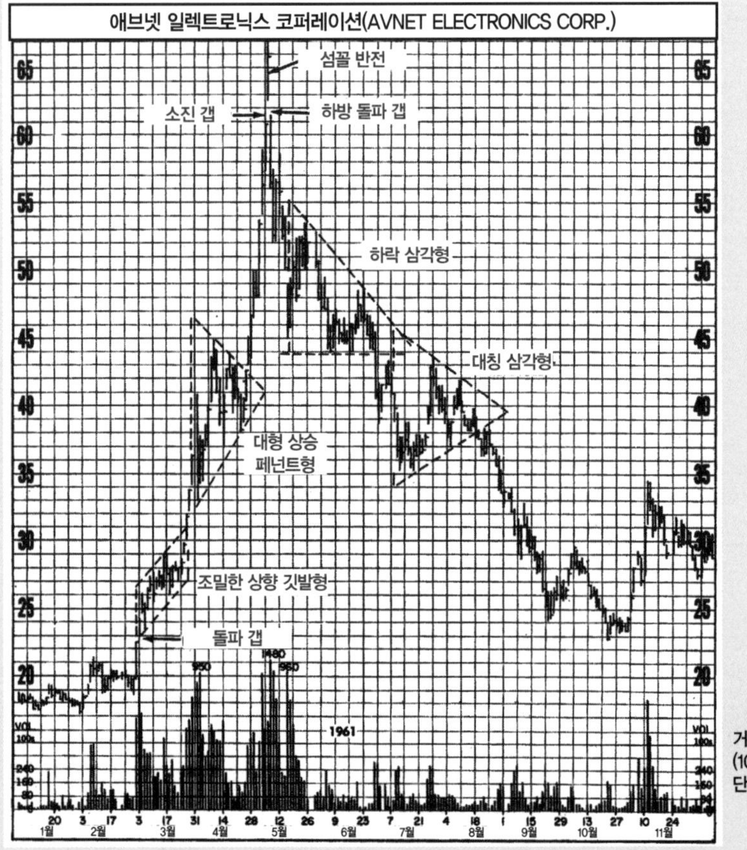

애브넷 일렉트로닉스 코퍼레이션(AVNET ELECTRONICS CORP.)
섬꼴 반전
소진 갭
하방 돌파 갭
하락 삼각형
대칭 삼각형
대형 상승
페넌트형
조밀한 상향 깃발형
돌파 갭
950
1480
960
1961
1월
2월
3월
4월
5월
6월
7월
8월
9월
10월
11월
거래량
(100주
단위)

〈차트 42〉를 보면 보면 일간 고점과 저점 그리고 종가 차트를 살펴보는 것이 얼마나 중요한지 분명하게 드러난다. 10주가 채 안 되는 아주 짧은 기간에 애브넷의 주가는 정확히 4배로 상승했다(17.125달러에서 68.5달러로). 뒤이어 3일 동안의 주가 움직임은 천장에서 형성된 전형적인 주요 섬꼴 반전 패턴을 그려낸다. 그리고 하락이 시작되어 전체 상승분을 되돌리기 직전에 멈춘다.

1961년 5월 8일에 주가가 장 초반에 신고점으로 건너뛰고(갭 상승) 다음 날 다시 '갭 하락'하여 2일 전저점 아래에서 마감하면서 섬꼴이 만들어진다. 상승기 내내 달아올랐던 거래량은 천장을 형성하는 5일 동안 정점에 이른다. 이밖에 다른 부수적 패턴도 윤곽을 그리고 명칭을 붙여두었다. 예상대로 가장 '강세' 형태인 조밀한 상향 깃발형과 대형 페넌트형은 상승세를 촉발한다. 삼각형 패턴들은 하락세를 나타낸다.

차트 43. 나피 : 갭, 반전, 섬

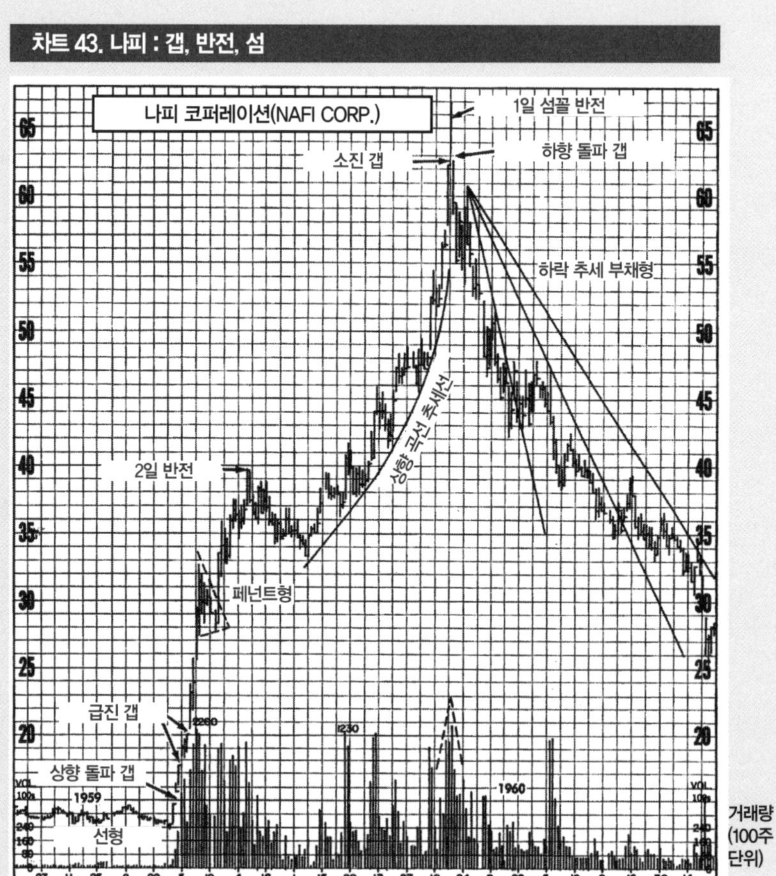

나피 코퍼레이션(NAFI CORP.)
1일 섬꼴 반전
소진 갭
하향 돌파 갭
하락 추세 부채형
상향 곡선 추세선
2일 반전
페넌트형
급진 갭
상향 돌파 갭
선형
1959
1960
거래량
(100주
단위)

〈차트 43〉은 이 책에서 분석한 많은 형태를 보여주는 또 다른 차트다. 첫 번째는 로켓처럼 날아오르는 주가의 발사대 역할을 하는 선형이다. 돌파 갭과 여러 급진 갭은 경험 많은 차트 분석가들에게 주가가 확실하게 위로 향할 것이라는 확신을 심어준다.

나피의 주가는 6주 동안 두 배로 상승한 후 2일 반전에 부딪힌다. 대부분의 경우 이런 움직임은 추세를 완전히 반전시킨다. 그러나 나피의 경우에는 4주 동안 주가가 주춤하다가 2단계 로켓이 점화된다. 가파르게 휘어진 상승 추세는 클라이맥스 단계로 이어진다. 주가는 급증한 거래량과 함께 날아오르면서 신고점까지 갭 상승한다(소진 갭). 그리고 뒤이어 갭 하락하면서 섬꼴 반전을 완성한다. 주요 하락세는 부채형으로 전개된다. 나중에 이뤄진 세 번째 하락 추세선의 돌파는 하락의 끝으로 드러난다.

차트 44. 유니버셜 매치 : 2일 반전 천장

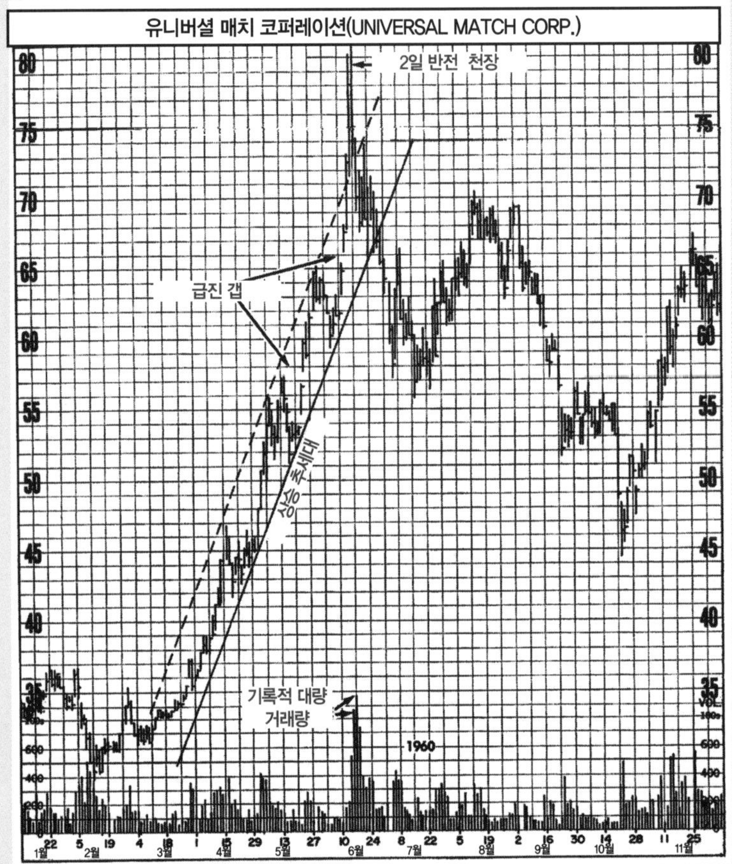

〈차트 44〉는 1960년 6월 15일에 이뤄진 2대 1 분할을 반영한다. 실제로 2월의 29달러 이하에서 6월의 80.75달러까지 18주 만에 112포인트(분할 전)나 상승했다. 주요한 상승들과 마찬가지로 이 종목의 상승도 가파른 상승 추세대를 충실하게 따르다가 정점(이례적으로 높은 거래량과 함께 수직 상승)에 이른다. 6월 14일에 주가는 그 해의 최다 거래량과 함께 신고점에 오른 후 고점 근처에서 마감한다. 뒤이어 6월 15일에 주가는 고점을 넘지 않은 채 전날 저가 근처에서 마감한다. 기록적인 거래량을 보이며 다시 신고점을 기록한다. 이 이틀 동안의 주가는 수개월에 걸쳐 유니버셜 매치의 최고점으로 드러난다. 차트 애호가들은 이 고점을 핵심 반전일로 보는 것이 더 정확하다고 주장할지 모른다. 6월 15일에 신고점에 도달하기 때문이다. 이 주장이 옳을 수도 있다. 2일 반전이든 또는 1일 반전이든 이 반전은 대단하다. 하지만 이후 1962년 2월에 주가는 25달러 아래로 떨어졌다.

차트 45. 스미스-코로나 : 핵심 반전일 천장

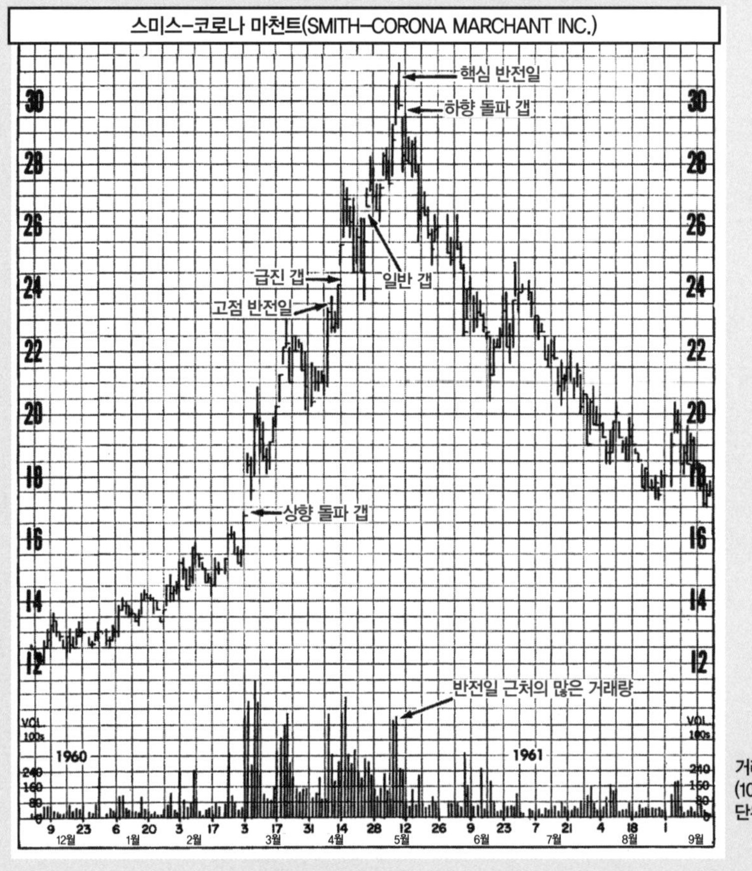

〈차트 45〉의 스미스-코로나 차트를 보면 1961년에 나타난 대규모 상승의 고점 및 대규모 하락의 출발점은 핵심 반전일을 통해 드러난다. 이 차트를 보면 단 하루의 주가 변동도 여러 달 동안 지속된 추세를 완전히 반전시키기에 충분하다는 것을 알 수 있다. 이 하루의 변동을 고점으로 확증하는 데 도움을 주는 것은 앞선 2일 동안 급증한 거래량이다. 반전 직전에 거래량이 최대치를 기록하는 것은 이런 종류의 차트에서 볼 수 있는 흔한 신호다. 고점을 확증하는 또 다른 중요한 단서는 반전 이후 나타난 하향 돌파 갭이다. 이 역시 1일 반전 천장에서는 일반적이다(애브넷과 나피 차트를 참고하라).

차트에 표시된 다른 신호는 고점 반전일, 상향 돌파 갭, 급진 갭, 일반 갭이다. 고점 반전일은 상승이 바로 재개되면서 무의미한 것으로 드러난다. 신고점으로 뛰어오르며 갭은 급진 갭과 일반 갭으로 구분된다.

차트 46 제니스: 2일 반전 바닥

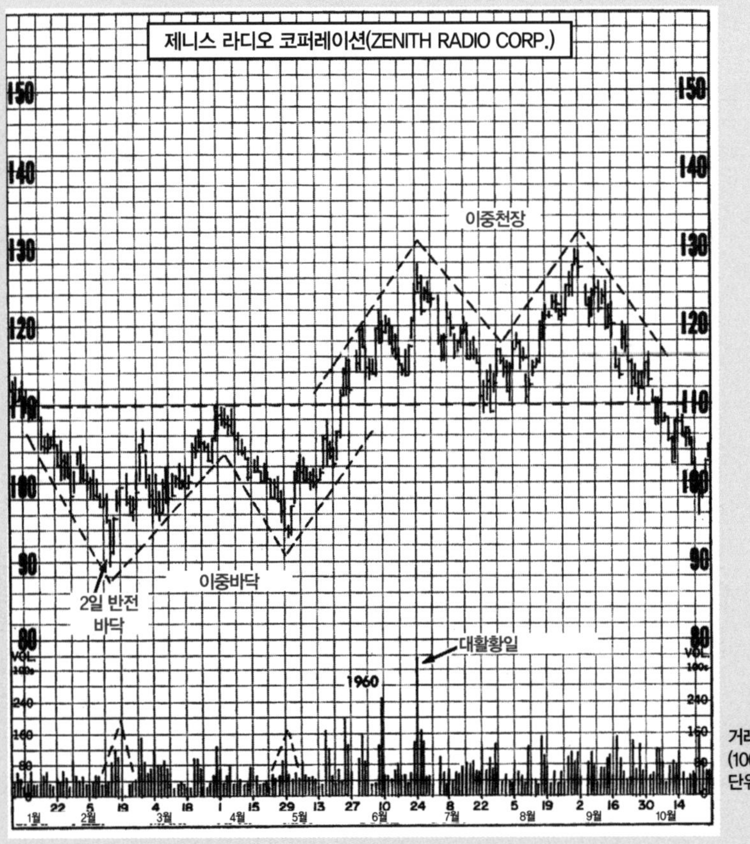

〈차트 46〉을 보면 2월에 2일 반전이 가파른 하락을 멈추고 회복되어 상승을 지지한다. 2일 바닥은 5월에 이어 10월에도 도전받지만 주가는 돌파하지 못한다. 차트에는 나와 있지 않지만 이 저점은 1961년 초까지 유지되며, 거의 250달러까지 나아가는 움직임의 전환점으로 드러난다. 2일 반전 바닥을 자세히 살펴보면 각각의 날에 주가와 거래량 구간이 평균보다 넓다는 사실이 드러난다. 또 다른 특이한 '흥미로운 점'은 6월 24일에 해당하는 대활황일이다. 이 날은 대량의 공급을 정확하게 나타내며, 9월 2일에 나올 고점을 예측하는 데 도움이 된다.

끝으로 이 차트는 전반적인 패턴이 이례적인 대칭성을 보여준다. (2일 반전과 5월의 반락 저점으로 형성된) 대형 이중바닥은 대형 이중천장과 거의 정확하게 균형을 이룬다. 두 개의 바닥과 두 개의 천장은 약 10주 간격으로 떨어져 있으며, 두 형태의 돌파 지점은 같다(약 100달러).

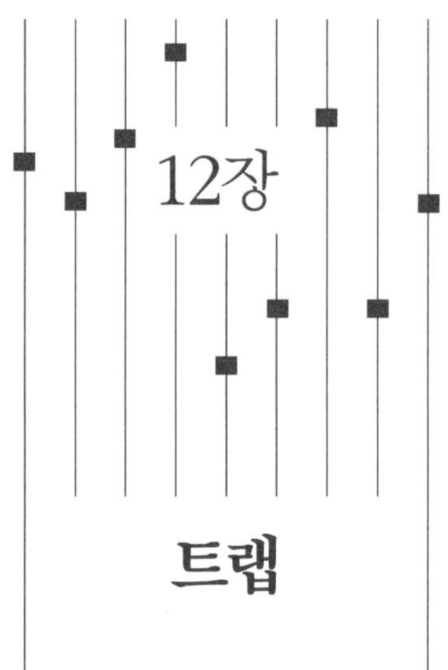

12장

트랩

이제 여우가 새끼들에게 알려주는 불쾌한 주제에 대해 이야기할 때가 되었다. 사실 트랩(Trap, 함정)은 패턴이라기보다 곤경에 가깝다. 또한 앞에서 설명한 패턴들의 일부로 나타나거나 독자적으로 나타날 수 있다.

분석가들은 생동감 있는 용어로 어떤 유형의 거래자를 잡느냐에 따라 이러한 상황을 '불 트랩(Bull Traps)'과 '베어 트랩(Bear Traps)'이라고 부른다.

기본적으로 불 트랩은 어떤 종목이 한동안 고점 근처에서 비교적 좁은 구간을 형성할 때 나타난다. 이때 주가는 거래 구간을 돌파하여 새로운 고지로 올라선 다음 갑자기 이전 거래 구간의 저점(지지선)으로 하락한다. 그러면 '상승론자들(또는 마지막 상승 내지 거래 구간에서 매수한 사람들)'은 손실을 안은 채 발목이 잡힌다.

보다 중요한 트랩은 거래량의 급증을 동반한다. 트랩에서 거래량이 많을수록 더 많은 상승론자가 걸려든다. 베어 트랩은 덜 흔하다. 베어 트랩은 주가가 정체 지점 또는 정체 구간에서 활발한 거래량과 함께 새로운 저점으로 떨어졌다가 거래 구간 너머로 상승할 때 나타난다. 대부분의 경우에 트랩이 나온 다음에는 적어도 중간 수준에서 상승(10~25%)이 뒤따르거나 또는 종종 주요한 움직임(25~50%)이 뒤따른다.

그림 46. 트랩

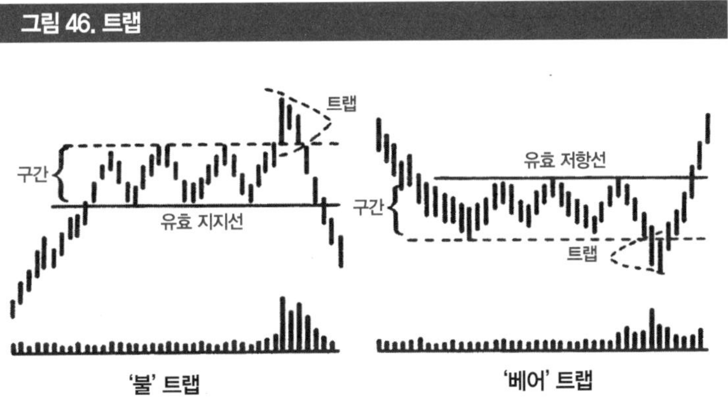

이런 상황에 처한 종목은 어떤 사람이 한참 수영장 밖에 서 있다가 마침내 발가락을 물(즉 신고점 또는 신저점)에 담그지만 너무 차가워서 바로 빼버리는 경우에 비유할 수 있다. 시장 심리 측면에서 신고점을 돌파하는 주가는 오랜 매수자들을 고무시키고 신규 매수자들을 흥분시킨다. 그러나 신고점에서 매물로 나올, 이전에는 보이지 않았던 대규모 공급 물량도 끌어들인다. 결국 공급이 수요보다 훨씬 많은 것으로 드러나면서 주가는 하락한다. 해당 종목에 대한 신뢰는 적어도 한동안 흔들린다. 신규 매수자들은 손실을 안은 채 발목이 잡힌다. 그들 중 일부는 현실을 받아들이고 주식을 처분하면서 하방 압력을 가중시킨다.

이런 상황을 파악하는 두 가지 열쇠는 특이한 거래량과 신고점에서 이전 추세선 또는 지지선을 뚫고 내려오는 반락이다. 주요한 상승 추세를 보이는 종목이 활발한 거래량과 함께 신고점을 찍은 후 더 적은 거래량으로 반락하는 것은 트랩의 형태가 아니다. 사실 이는 완벽하게 정상적인 행동으로 상승 신호로 해석할 수 있다. 반락이 지지선 또는 추세선을 '침범하지' 않는 한 말이다(실제 매매에서는 매수되는 물량만큼 매도되는 물량이 있다는 사실을 항상 명심해야 한다. 높은 거래량을 동반하고도 많이 상승하지 못하는 종목은 해당 주가 수준에서 매도 압력이 강한 것이다).

시장 전술

트랩은 적절한 명칭이다. 경험 많은 차트 분석가도 트랩에 걸려들 수 있다. 주가가 신고점이나 신저점을 찍는 시작 부분이 전진 신호로 보이기 때문이다. 대부분의 경우에는 신호대로 진행된다. 앞서 언급한 대로 특정한 방향으로 움직이는 주가는 해당 방향으로 계속 나아가려는 경향을 지닌다. 또한 (특히 주가 변동이 정체된 후) 신고점 또는 신저점으로 나아가는 돌파는 추세가 계속될 것이라는 강력한 확증을 제공한다. 그럼에도 갑작스런 반전 또는 트랩은 언제든지 나올 수 있다. 거의 모든 차트 형태에서 반전이 일어날 수 있다. 따라서 판단이 틀렸을 경우에 포지션을 바꾸려는 준비 태세가 성공 투자자에게 가장 중요한 속성 중 하나다.

오랜 가격 변동 후에 트랩이 나타나고, 많은 거래량을 동반하면 주요 추세 반전을 의미한다. 불 트랩에 빠지면 보유자들은 이익을 실현하고 단기 투자자들은 공매도를 한다. 모든 트랩 상황에서 발목이 잡힌 단기 투자자는 최대한 빨리 실수를 인정하고 상황이 명확해질 때까지 물러나 있어야 한다. 장기 투자자는 포지션을 면밀히 살펴야 한다. 장기 차트 분석, 기업 전망, 세금 상황 또는 경기 순환 같은 다른 요소들이 우호적이라면 계속 머물면서 '버티기'를 할 수 있다.

차트 47. 트랜지트론 : 불 트랩

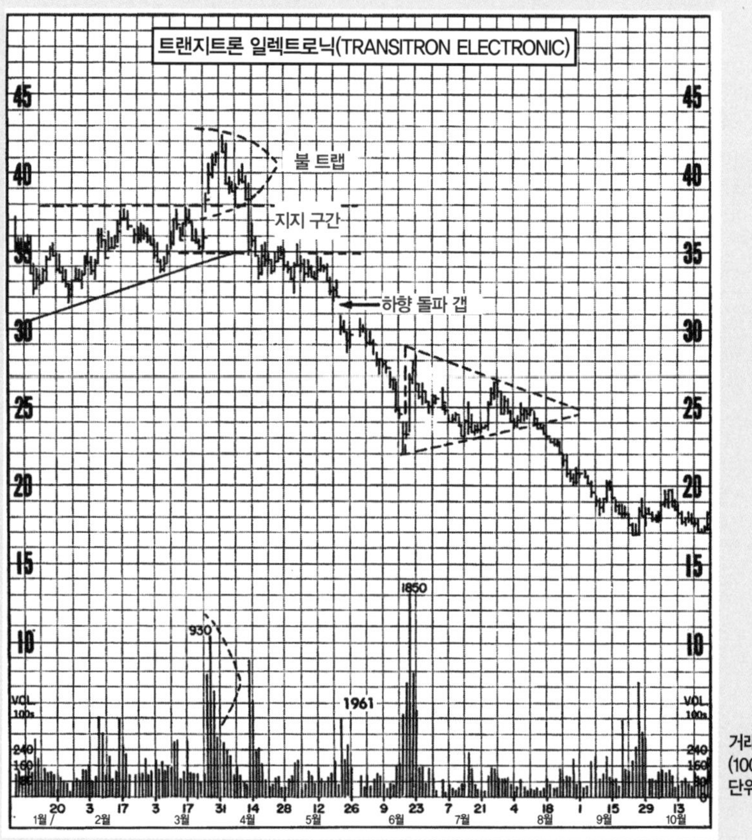

트랜지트론 일렉트로닉(TRANSITRON ELECTRONIC)
불 트랩
지지 구간
하향 돌파 갭
930
1850
1961
45
40
35
30
25
20
15
10
VOL. 100s
240
160
80
0
20 3 17 3 17 31 14 28 12 26 9 23 7 21 4 18 1 15 29 13
1월 2월 3월 4월 5월 6월 7월 8월 9월 10월
거래량 (100주 단위)

〈차트 47〉에서 볼 수 있는 형태들은 상승론자들에 대한 짓궂은 만우절 장난이다(4월 1일은 토요일이지만 다음 거래일인 4월 3일에 고점을 찍는다). 신고점으로 향하는 돌파는 매우 활발한 거래량을 동반한다. 거래량은 '트랩'이 전개되는 동안 높게 유지된다. 이는 많은 '황소(Bulls)'가 잡혔음을 의미하며, 뒤이은 하락을 위한 무대를 마련한다(1962년 1월 말에 14.125달러까지 하락).

트랩이 만들어진 시점에 주가는 이전에 60달러에서 떨어진 후 6개월 동안 횡보했다. 1960년 1월 1일부터(이 차트에 나오지 않음) 차트를 본 분석가는 바닥이 고점(60달러)까지의 반등을 지지하기에 충분히 크다고 판단할 것이다. 또한 그는 45달러에서 강력한 저항선을 보았을 것이다. 어쨌든 그가 '트랩'에 걸렸다고 가정하면 4월 13일에 많은 거래량과 함께 지지 구간을 돌파하는 반락이 나온 것은 위험 신호로 받아들여야 한다. 또한 모든 차트 분석가는 당연히 5월 17일에 신저점으로 떨어지는 갭이 오랫동안 상승세의 문을 닫을 것임을 알 것이다.

차트 48. 미네랄스&케미컬스 : 불 트랩

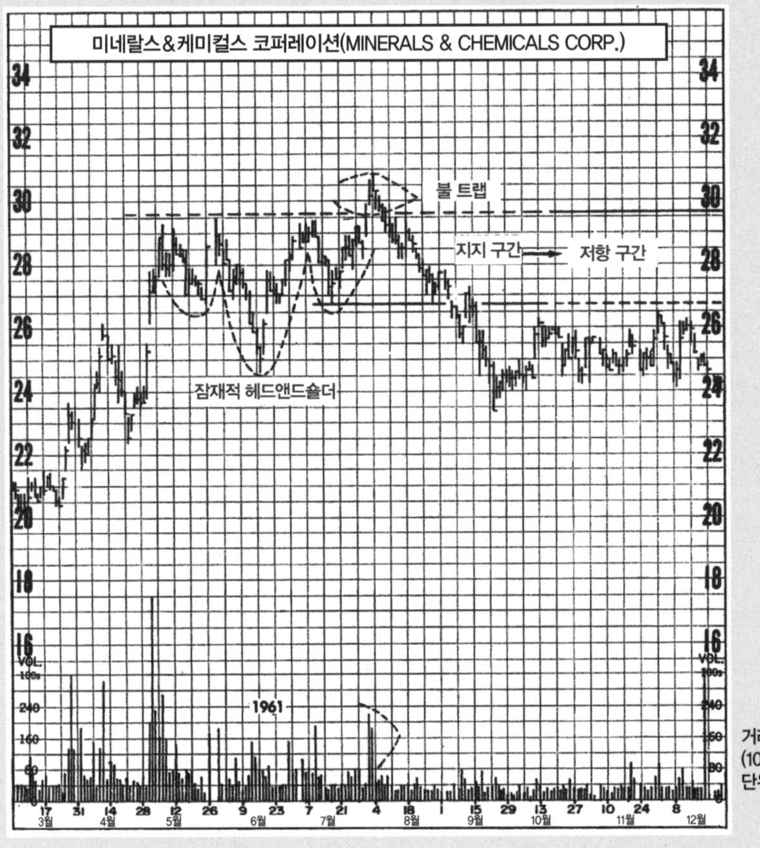

〈차트 48〉은 매우 특이한 상황을 보여준다. 1961년 3월에 주가는 20달러에서 거의 30달러까지 상승한다. 뒤이어 이상적인 헤드앤드숄더처럼 보이는 형태가 차트에 나타난다. 주가는 29.5달러의 장벽을 넘으려는 3번의 시도에 실패한 후 8월 초에 마침내 많은 거래량과 함께 신고점을 돌파한다. 이는 원래 새로운 활발한 상승을 알리는 신호다. 그러나 보다시피 주가는 돌파 이후 지지선이 되어야 할 29.5달러를 바로 뚫고 반락한다. 하락은 잠재적 헤드앤드숄더의 오른쪽 어깨를 지날 때까지 계속되며, '상승론자'들을 붙잡고 추가 하락을 예비하는 트랩이 완성된다. '뒷북치기겠지만' 상승 후에 형성된 모든 헤드앤드숄더 패턴은 의심해야 한다는 생각이 들 것이다. 이 생각은 어느 정도 타당하다. 그러나 이처럼 상승한 단계에서 완벽하게 유효한 헤드앤드숄더가 형성되는 경우도 많다. 이 차트는 헤드앤드숄더 패턴이 실패하고 악명 높은 불 트랩이 되어버린 드문 예다.

차트 49. 제너럴 텔레폰 : 불 트랩

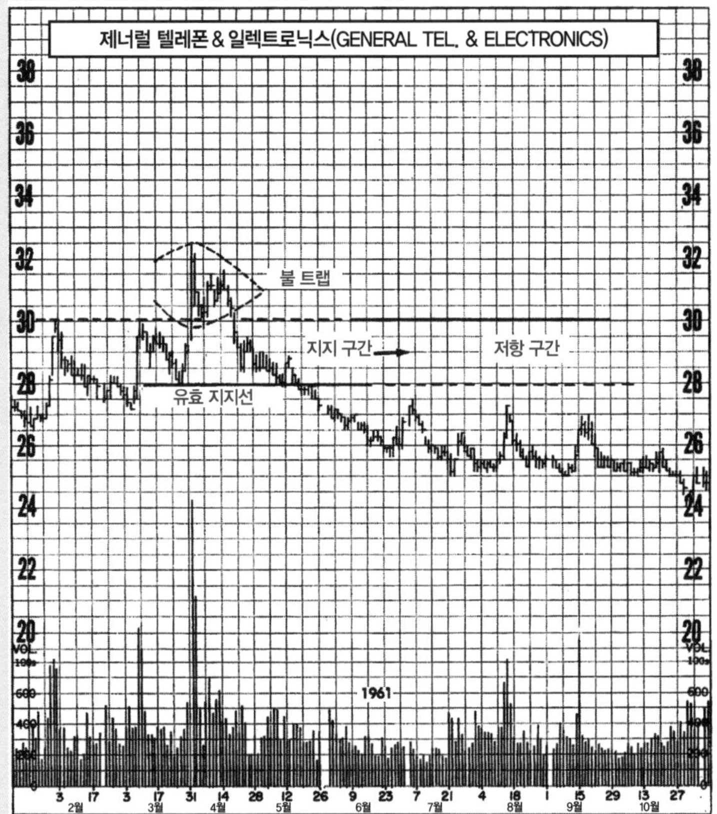

〈차트 49〉에 표시된 기간 이전에 제너럴 텔레폰의 주가는 1960년 10월에 23.75달러에서부터 상승했다. 2월과 3월에 많은 거래량을 동반하며 상승하던 주가가 30달러 수준에서 멈춘다. 그러다가 4월 3일과 4일에 역시 많은 거래량을 동반하며 신고점을 돌파한다(트랩도 같은 날에 형성된다). 이 시점에서 차트 분석가는 대개 이 상승을 대규모 상승의 다음 구간을 알리는 신호로 해석할 것이다. 그러나 상승세는 점점 약화된다. 2주 후 주가는 돌파일인 4월 3일의 범위 아래로 하락해 지지 구간으로 들어간다. 이 하락은 덫의 문을 닫는다. 뒤이어 주가가 유효 지지선인 28달러 아래에서 마감하면서 문이 잠긴다. 이 트랩에서 시작된 하락은 24달러까지 주가를 하락시킨다. 그리고 이전의 지지 구간은 유효한 저항 구간이 된다. 7월과 11월 사이에 나온 4번의 상승 시도는 이 구간에 미치지 못한 채 멈춘다.

차트 50. TXL 오일 : 베어 트랩

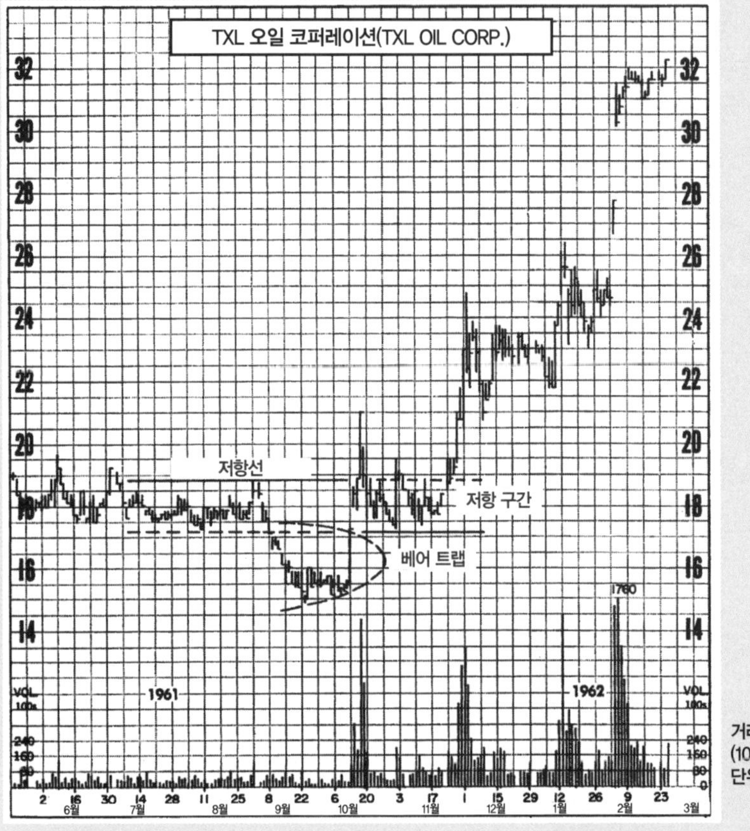

TXL 오일 코퍼레이션(TXL OIL CORP.)
저항선
저항 구간
베어 트랩
1760
1961
1962
VOL 100s
240
160
80
0
거래량 (100주 단위)
32
30
28
26
24
22
20
18
16
14
2
16
30
14
28
11
25
8
22
6
20
3
17
1
15
29
12
26
9
23
6월
7월
8월
9월
10월
11월
12월
1월
2월
3월

신저점 영역에서 형성되는 베어 트랩과 다른 반전 형태의 차이는 주가가 신저점으로 하락하기 전에 이뤄지는 정체 구간에 있다. 〈차트 50〉의 TXL 차트에서 나온 베어 트랩 같은 경우 신저점으로 하락하는 움직임을 보이다 적어도 6~7개월의 동안 횡보 구간을 형성한다.

이는 베어 트랩의 반대인 불 트랩이 전개되는 양상과 비슷하다. 다만 베어 트랩에서 신저점으로 떨어지는 시기의 거래량은 대개 늘어나지 않는 반면, 불 트랩에서 신고점으로 올라가는 시기의 거래량은 아주 많을 수 있다. 이런 차이가 생기는 이유에 대한 한 가지 타당한 설명은 시장에는 '상승론자'보다 '하락론자' 또는 '공매도자'가 훨씬 적으며, 대개 공매도자들은 일반 투자자보다 더 수준이 높다는 것이다. 이 장에서 다룬 4개의 트랩 형태 중 3개가 불 트랩인데, 불 트랩이 베어 트랩보다 훨씬 자주 나타나기 때문이다.

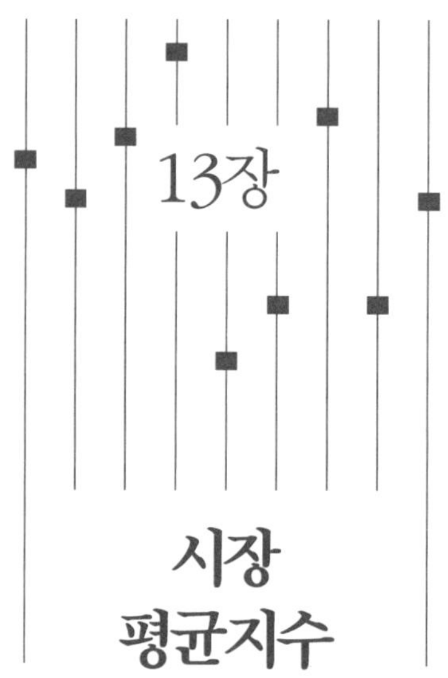

13장

시장 평균지수

지금까지 개별 종목의 움직임을 살펴보았다. 그렇다면 모두가 이야기하는 '시장'은 어떨까? 물론 어느 누구도 경마에서 모든 말에 돈을 걸지 않는 것처럼 누구도 말 그대로 '전체 시장에 투자'하지 못한다. 투자자는 평균지수가 아니라 개별 종목에 투자해야 한다. 그럼에도 대중은 일반적인 '시장'이 어떻게 행동하는지에 많은 관심을 기울이는데, 이는 대중적인 평균지수로 측정된다.

'시장'이 상승하면 일반적인 주식 보유자는 고무된다. 설령 자신이 보유한 종목은 하락하더라도 말이다. 이런 태도가 크게 잘못된 것은 아니다. 오랜 월스트리트의 격언처럼 "경찰이 불법 업소를 단속하면 모든 여자뿐만 아니라 피아노 연주자도 데려간다". 다시 말해서 시장이 강한 하락 추세나 상승 추세에 있으면 조만간 대다수 종목을 같이 끌고 가기 마련이다. 거기에는 다르게 움직이는 많은 종목도 포함된다.

이는 상식적인 일이다. 예를 들어 투자와 경기 전망에 대한 대중의 대표는 전반적으로 명백히 모든 개별 종목에 영향을 미칠 것이다. 차트 분석가는 종종 하락장에서 강력한 개별 종목의 상승세가 무너지는 것을 본다.

이런 일은 대개 시장의 방향이 바뀔 때 일어난다. 다수 종목은 분명 시장의 추세에 맞설 것이다. 그러나 개별 종목이 계속 버틸 수 있는 확률은 낮다. 따라서 분석가는 어떤 종목을 추종하든 항상 전체 시장의 상반되는 전개를 경계해야 한다. 다시 말해서 전체 시장은 각 종목의 차트를 분석할 때 필수적으로 고려해야 하는 부분이다. 주로 분석가가 알고 싶어 하는 것은 시장이 중간 수준의 '강세' 국면이나 '약세' 국면 또는 중립적 국면을 지나고 있는지 여부다. 즉 그는 시장의 일간 변동이나 수년에 걸친 역사적 추세보다는 주가를 10~25%만큼 움직이는 중간 수준의 등락에 더 관심이 많다. 이 등락은 분석가가 작업하는 종목의 행동에 실질적으로 영향을 미친다.

시장 예측을 위한 기술적 접근법, 즉 시장의 과거 및 현재 행동을 활용하여 미래의 경로를 예측하는 방법의 기원은 세기가 바뀌기 전으로 거슬러 올라간다. 개척자인 다우(Dow), 해밀턴(Hamilton), 레아(Rhea)는 그들이 선정한 종목의 주가 평균 또는 지수를 토대로 삼았다.

다우존스 평균지수의 엄청난 인기는 그들(다우존스 산업지수를 만든 찰스 다우와 에드워드 존스를 말함)의 글에서 기인한다. 물론 가장 인기 있는 지수는 다우존스 산업지수다. 이 지수는 30개 선도 종목의 주가 평균으로서 원래는 철도 및 공공서비스 부문과 구분하기 위해 산업지수로 불렀다(이상하게 AT&T도 산업 종목으로 등록되었지만 말이다).

비록 제한된 종목 선정을 토대로 하는 평균은 한 종목의 폭넓은 움직임에 다소 민감할 수 있다. 그러나 다우존스 산업지수는 시장의 전반적인 움직임을 말해주는 매우 믿을 만한 지표임을 증명했다. 25개 산업 종목을 토대로 한 뉴욕타임스 평균지수도 아주 좋은 기준이다.

한정된 종목을 토대로 전체 시장의 움직임을 판단하는 주된 이유는 당연히 편의성 때문이다. 초기에는 연필과 종이로 부지런히 평균지수를 산출했지만, 이제는 컴퓨터가 훨씬 포괄적인 척도를 제공한다.

스탠더드앤드푸어스(Standard & Poors, 이하 S&P)는 뉴욕증권거래소에 상장된 500개 주요 보통주를 활용한다. 이 종목들은 시장가치의 90% 이상을 차지한다. S&P는 각 종목의 주가를 유통 주식수로 곱하고 모든 수치를 더한 다음 지수로 환산한다. 그들은 매시간 이 작업을 한다!

물론 이런 지수도 시장에 대해 모든 것을 말해주지는 않는다. 예를 들어 가장 활발하게 거래되는 종목이 무엇을 하고 있는지에 대해서는 말해주지 않는다. 같은 맥락에서 당신의 종목이 무엇을 하고 있는지도 말해주지 않는다.

분석가는 시장에 대한 정보를 제공하는 한 가지 원천에만 의존하고 나머지를 무시해서는 안 된다. 그들 중 하나가 중요한 정보가 될 수도 있기 때문이다.

대체로 평균지수는 모든 주가를 더한 다음 종목 수로 나눠서 산출한다. 지수는 주가의 합을 보통 100으로 주어지는 '일반적인' 시기 또는 기준 기간(Base period)과 비교한다. 예를 들어 특정한 달에 연방준비이사회의 제조지수가 114라면 1957년에 해당하는 기준 기간의 평균보다 14% 높다는 뜻이다.

또한 일부 종목은 다른 종목보다 중요하고, 그들 중 다수는 때로 분할 내지 배당을 한다는 사실도 고려해야 한다. 그래서 왜곡을 피하기 위해 평균 또는 지수에 가중치를 부여할 필요가 있다. 때로는 선택된 평균지수에 활용된 종목을 합병이나 변화된 다른 요건으로 대체해야 한다.

시장을 예측하는 기본적인 기법은 하나 이상의 평균 또는 지수의 차트를 엄격하게 분석하는 것이다. 앞서 논의한 모든 차트 분석 기법은 개별 종목뿐 아니라 전체 시장에도 동일하게 적용된다. 또한 여러 시장 평균을 구할 수 있기 때문에 서로를 확인하거나 확증하는 데 활용할 수 있다는 추가적인 이점도 있다. 예를 들어 다우이론(Dow Theory)의 기본적인 논지는 철도지수를 활용하여 산업지수(또는 그 반대)에서 드러난 추세 반전의 유효성을 확증할 수 있다는 것이다.

이런 방식의 기원은 철도 종목이 전체 거래 종목 중에서 가장 큰 비중을 차지하던 때로 거슬러 올라가지만, 정통 다우이론가들은 여전히 이런 확증 방식을 고집한다.

다우존스 산업지수는 시장의 전개 양상에 매우 민감하다. 그래서 여전히 주요 지표로 삼을 수 있다. 그러나 확증을 위해서는 보다 포괄적인 S&P 500지수를 참고하여 잘못된 신호일 가능성을 줄여야 한다. 또한 종종 S&P지수는 새로운 추세의 전개를 가장 먼저 알린다.

다우존스 평균지수는 가중치가 많이 부여된 하나 또는 두 개의 종목이 이례적인 약세나 강세를 보일 때 왜곡될 수 있다. 하지만 S&P지수가 먼저 새로운 추세를 알렸다고 해도 다우존스를 통해 이를 확증해야 한다.

그러면 지금부터 이런 확증 기법을 활용하는 사례를 살펴보도록 하자.

차트 51. 다우존스평균 30개 종목 일간 차트 분석

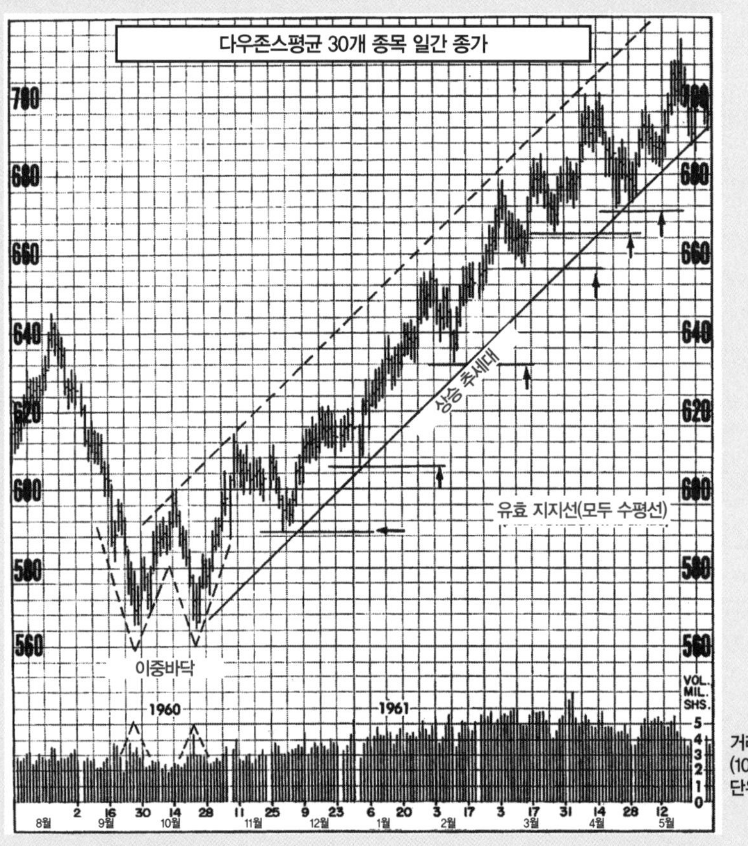

1장에서 설명한 대로 차트 분석 기법은 일간, 주간, 월간 차트에 동등하게 적용된다. 이 점은 다양한 주가 평균에도 해당된다. 〈차트 51〉은 1960년 8월부터 1961년 6월까지 인기 있는 다우존스평균 30개 종목의 일간 고가, 저가, 종가를 보여준다. 이 지수는 30개 종목의 주가를 종합한 것이다. 그러나 전반적인 움직임은 이중바닥, 명확한 상승 추세대 그리고 모든 지지 및 저항 같은 일반적인 전개 양상을 따른다. 상승 추세가 전개되는 과정을 자세히 살펴보면 주가는 계속 신고점을 찍지만 5월 말에 추세선이 하방을 살짝 돌파하는 것을 볼 수 있다. 이는 나중에 유효한 경고 신호로 드러난다. 상승세가 해당 구간에서 마침내 저지되기 때문이다.

차트 52. 다우존스평균 : 월간(1949~1961년)

역사상 최대의 '강세' 시장(1948~1961년)은 30개 산업 종목에 대한 다우존스평균의 월간 고점과 저점을 나타내는 차트에서 확인할 수 있다. 〈차트 52〉는 한눈에 시장의 역사를 보여주며, 매우 정상적인 전개 양상을 따른다.

차트 분석가는 1957년까지 추세를 어렵지 않게 분석할 수 있다. 그러다가 1957년에 삼중천장처럼 보이던 것이 베어 트랩으로 변한다. 1956년 저점 아래로 내려가는 하락은 삼중천장의 특징을 보인다. 그래서 정통 차트 분석가는 1957년에 주식 청산을 정당화할 만큼 상황이 나쁘다고 적절한 추정을 했을 것이다. 그러나 주가는 삼중천장 구간으로 다시 상승한다. 그리고 신고점을 찍으면서 '베어 트랩'을 완성한 후 스윙 패턴으로 전개된다. 대략적으로 A에서 B까지의 거리(250~525)는 C에서 D까지의 거리(415~690)로 산출할 수 있다. 이 형태에 속은 많은 차트 분석가는 다음 장에서 다루는 중요한 기술적 지표들을 연구한다면 큰 혜택을 얻을 수 있다.

차트 53. 다우존스평균 vs. S&P 500

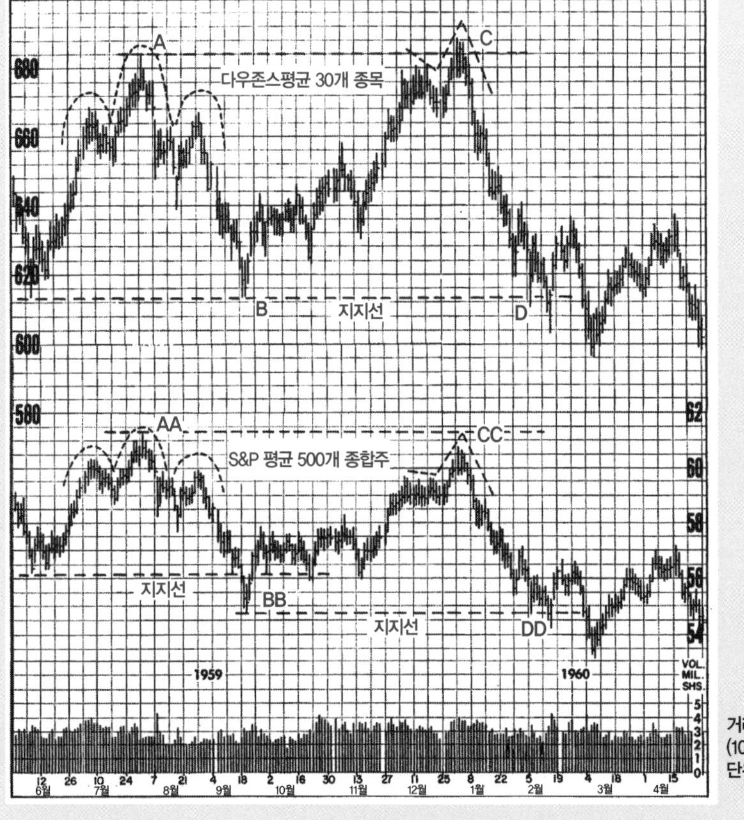

1959년 7월 말에 다우존스평균 30개 종목과 S&P 500 지수평균은 둘 다 역대 최고치에 이른다. 이 역사적 수준 근처에서 형성된 각각의 차트 패턴(A와 AA)은 아래로 기울어진 작은 헤드앤드숄더 패턴을 형성한다. 그러나 이 천장에서 시작된 하락은 아주 작은 거래량을 동반한다. 이는 반전 형태로서의 중요성을 감소시킨다.

뒤이어 S&P 500은 전 지지선(BB)을 뚫고 내려갔지만, 다우존스 산업지수는 지지선을 유지한다. 이처럼 확증이 이뤄지지 않는 것도 추세가 불확정적임을 시사한다. 뒤이어 다우존스평균은 새로운 역대 최고치(C)에 이르지만 S&P 500은 실패한다(CC). 따라서 S&P 500은 다우존스 고점이 의미하는 강세를 확증하지 못한다. 2월(D와 DD)에 두 지수는 주요 지지선을 뚫고 하락하면서 약세를 확증한다. 1960년 후반에 다우존스 산업지수는 565달러 아래, S&P 500은 거의 52달러 수준으로 하락한다.

차트 54. 다우존스평균 vs. S&P 500

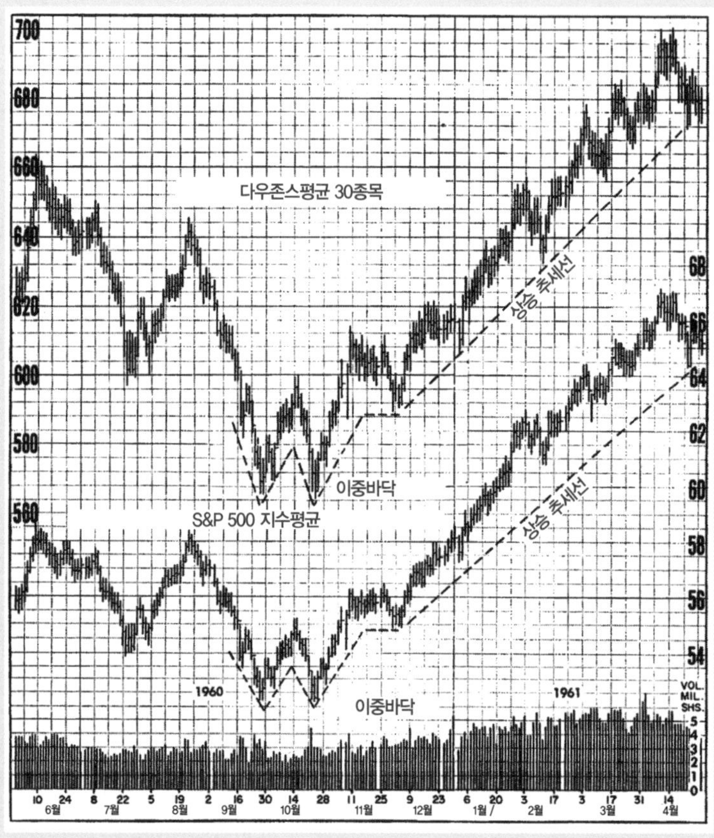

다우존슨평균 30개 종목과 500개 S&P 500 지수 평균의 움직임을 비교하는 두 번째 차트(〈차트 54〉 참고) 역시 차트로 평균지수를 분석할 때 확증의 중요성을 보여준다. 〈차트 53〉에서는 확증의 결여가 불확정성을 나타내는 양상을 확인했다. 〈차트 54〉는 1960년 6월부터 1961년 4월에 걸친 기간을 포괄한다. 이 기간에 두 지수평균은 거의 동일한 형태를 이루고 있음을 보여준다. 예를 들어 9월, 10월, 11월에는 거의 정확한 이중바닥 패턴(플랫폼 포함)을 만들면서 대규모 상승을 암시한다. 뒤이은 상승도 비슷한 모습으로 나아간다. 기술적 분석에서 유일한 기술적 차이는 각 추세선이 형성된 양상에 있다. 다우존스평균은 두 번째 바닥에서 이어진 직선을 4월까지 밀접하게 따른다. 반면 S&P 500의 추세선은 그만큼 명확하지 않다.

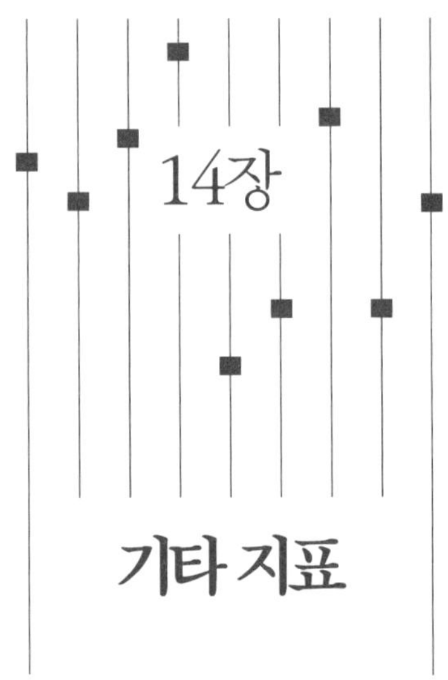

14장

기타 지표

과거 40여 년 동안 시장 추세를 예측하기 위해 수많은 기법이 활용되었다. 가필드 드류(Garfield Drew)는 그의 책 《주식시장에서 수익을 올리는 새로운 방법론(New Methods for Profit in the Stock Market)》에서 이런 기술적 지표와 기계적 시스템들을 설명하고 분석한다. 이 각각의 방법론이 때로는 성공을 거두지만 어떤 시스템도 대부분의 기간에 걸쳐 정확성을 증명하지 못했다는 사실은 흥미롭다. 조셉 그랜빌(Joseph Granville)은 《최대 이익을 위한 일간 주식시장 타이밍 전략(A Strategy of Daily Stock Market Timing for

Maximum Profit)》(프렌티스 홀, 1960)에서 역시 이런 지표와 시스템들을 살피고, 성공과 실패를 분석하며 매수와 매도 타이밍을 기술적으로 연구하는 합리적인 접근법을 제시한다. 이 방법론 중 일부는 이미 시도되었고, 다른 일부는 완전히 새로운 것이다. 그러나 그랜빌의 접근법은 신선하고 독창적이다(이 장과 다음 장에 나오는 내용 중 많은 부분은 그와 프렌티스 홀의 도움을 받았다).

그랜빌의 책에는 55개의 일간 지표와 여러 중기 추세 지표가 있다. 그중에서 가장 중요한 것은 등락주선(Advance-Decline Line), 배런스 신뢰지수(Barron's Confidence Index), 공매도 잔량이다.

등락주선

주가 평균에 밀접하게 반영되지 않는 시장의 동향에 대한 주요한 사실은 특정한 날에 하락한 종목의 수 대비 상승한 종목의 수다. 시장 평균이 상승하는 동안 상승하는 종목보다 하락하는 종목이 많은 경우가 흔하게 발생한다(또는 그 반대). 그 이유는 주요 주식들이 강세를 보이거나, 평균적으로 손실보다 이익이 더 크기 때문이다. 그래서 분석가들은 '폭(Breath)'을 나타내는 많은 지표를 만들어냈다.

폭은 특정한 날에 거래된 종목 수와 상승 및 하락 종목의 비율을 의미한다. 이런 지표는 때로 주가 평균보다 더 빨리 시장에 잠재된 힘을 알려준다. 주가 평균의 경우 소수 종목의 동향이 시장 심리의 진정한 상태를 위장할 수 있다.

이런 지표 중 하나가 등락주선이다. 그랜빌은 연이은 거래일에 걸쳐 상승 종목과 하락 종목을 더한 다음 큰 수에서 작은 수를 뺀 수치로 등락주선을 만들었다. 이 수치는 '누적 격차(Cumulative differential)'를 나타낸다. 이 방법은 보기보다 간단하다. 예를 들어 3일 동안의 동향(매일 계속됨)을 보여주는 가상의 표를 살펴보자. 물론 주가 동향을 싣는 거의 모든 신문에서 상승 종목과 하락 종목의 수치를 얻을 수 있다. 시작일은 아무 날짜나 골라서 계속 계산해나가면 된다. 이 지표에서 실제로 중요한 부분은 구체적인 수치가 아니라 변하는 추세 또는 패턴이다.

표 1. 상승 및 하락 종목 표

	상승	하락	누적 상승	누적 하락	누적 격차
월요일	600	400	600	400	+200
화요일	525	460	1,125	860	+265
수요일	470	510	1,595	1,370	+225

누적 격차 열에 속한 수치들을 차트에 표시하면 등락주선이 만들어진다. 그랜빌은 등락주선을 해석하는 데 있어서 다음과 같은 원칙을 제시한다.

1. 다우존스 산업평균지수가 하락하고 등락주선이 상승하면 시장이 반등한다.
2. 다우존스지수가 상승하고 등락주선이 하락하면 시장이 반락한다.
3. 이런 상승 또는 반락의 강도는 주가 평균의 경로가 등락주선과 얼마나 많이, 그리고 얼마나 오래 다른지로 알 수 있다.
4. 등락주선은 따로 놓고 보면 이런 상승 또는 반락이 정확히 언제 나올지 나타내지 않으며, 조만간 발생할 것이라는 사실만을 알려준다.
5. 다우존스평균이 전고점에 접근하고 등락주선이 전고점 형성 위치보다 아래이면 시장 상황은 약세다. 등락주선이 전고점 형성 위치보다 위에 있으면 신고점을 향한 돌파가 임박한 것이다.
6. 다우존스평균이 전저점에 접근하고 등락주선이 전저점 형성 위치보다 훨씬 위에 있으면 시장 상황은 강세다. 즉 전저점이 유지된다. 그러나 등락주선이 전저점 형성 위치보다 아래에 있으면 하향 돌파가 임박한 것이다.

등락주선은 다른 시장 지표와 함께 활용할 수 있다. 독자들은 나름의 가능한 활용법을 개발하는 것이 좋다.

배런스 신뢰지수

신뢰도를 측정하려는 흥미로운 노력은 1932년에 〈배런스 위클리(Barron's Weekly)〉로부터 시작되었다. 이 지수는 그랜빌의 글 덕분에 상당한 추종자를 끌어들였다. 요지는 투자자들이 위험을 감수하려는 정도를 보여주는 수치를 구해서 차트에 표시하는 것이다. 배런스는 현재 시장가격을 기준으로 고등급 채권의 이자율 또는 수익률을 저등급 채권의 수익률과 비교하여 지수를 산출한다. 당연히 위험한 채권일수록 수익률이 높다. 투자자들은 경제에 대한 신뢰도가 높을 때 고등급 채권에서 저등급 채권으로 옮겨간다. 그에 따라 수익률 차이가 좁혀진다.

이것이 주식시장과 무슨 관계가 있을까? 배런스의 이론에 따르면 채권 매수자들은 소위 '스마트 머니(Smart money, 고수익의 단기 차익을 노리고 장세에 따라 빠른 속도로 움직이는 자금)'를 운용하는 실력 있고 수준 높은 투자자들이다(실제로 그들은 대개 신탁 및 대형 기금을 관리하는 사람들이다). 현재 경제에 대한 그들의 판단은 지금부터 2~4개월 사이에 일반 주식 투자자들이 수용할 가능성이 크다.

실제로 이 신뢰지수는 이 기간만큼의 주가 평균을 선도하는 경향이 있다. 그 기간이 최근에는 4개월이지만 원래는 2개월에 더 가깝다. 따라서 신뢰지수가 정점을 찍고 하락하기 시작하면 60일에서 120일 사이에 주식시장에서 비슷한 상황이 전개될 것임을 예상할 수 있다. 물론 상승하는 경우도 마찬가지다.

주의사항 : 이 지수는 차트를 해석하는 방법은 약간 특이하다. 0.1포인트 미만의 돌파는 그다지 의미가 없다. 의미 있는 것은 중요한 차트 패턴을 완성하는 상승 또는 하락이다. 이런 전개는 강세장의 시작 또는 끝을 알려줄 수 있다.

이 지수는 1932년 이후 기록된 과거 실적의 85%에서 60~120일 정도 주식시장을 주도하는 경향을 보여주었다. 이는 15%의 경우에 지수가 지체되었거나 더 긴 추종 기간을 나타냈음을 뜻한다. 대부분의 경우 지수는 5개월 이상의 추종 기간을 보였다. 큰 반락이 나온 해들이 이 15%의 범주에 속한다. 예를 들어 1929년(소급 적용), 1937년, 1946년에 5개월이 넘는 추종 기간이 걸렸다. 해당 시기에 신뢰지수가 하락 추세를 그리는 동안 주식시장은 신속하게 상승했다. 이는 기술적 긴장을 초래했으며, 궁극적으로 몇 달 후 오랜 하락으로 이어졌다.

공매도 잔량 추세 및 공매도 잔량 비율

신뢰지수가 있다면 왜 비관지수는 없을까? 실은 존재한다. 이 지수는 당연히 배런스 신뢰지수로 맥박을 재는 믿을 만한 채권 매수자들과 매우 다른 투자자들을 토대로 삼는다. 그들은 바로 공매도자들이다.

공매도는 대부분 전문 투자자들과 위험을 감수하는 투자자들이 주가 하락을 통해 수익을 얻기 위해 활용하는 기법이다(때로는 하락에 대비한 보험이나 세금 회피 목적으로 활용되기도 하지만 그것은 다른 이야기다). 어쨌든 시장 분석가들은 하락론자들이 많으면 강세라는 교묘한 역설에 동의한다.

거기에는 두 가지 이유가 있다. 하나는 대중은 언제나 틀린다는 일부 월스트리트의 냉소주의자들이 확고하게 따르는 이론이다. 즉 모두가 내려갈 것이라고 말할 때마다 시장은 올라가며, 그 반대도 마찬가지다. 냉소주의자들은 경기 전환이 일반 대중에게 전파될 무렵이면 시장은 이미 그것을 예측하고 다음 단계로 한창 나아가는 중이라고 생각한다.

이 이론이 맞을지도 모르지만 그보다 훨씬 명백한 이유가 있다. 그 이유는 공매도의 속성 때문이다. 공매도자들은 증권사로부터 주식을 빌려서 시장가격에 매도한다. 그리고 같은 수의 주식을 매수하여 매도분을 상환한다. 즉 이전에는 곰처럼 행동했지만 이제는 황소처럼 행동해야 한다(모든 과거의 공매도는 미래의 매수다). 따라서 공매도 잔량 또는 공매도 포지션(둘 다 공매도를 했지만 아직 상환하지 않은 주식의 수를 말한다)은 주가에 쿠션을 형성한다.

주가가 하락하면 공매도자들이 이익을 실현하기 위해 매수에 나선다. 또한 주가가 상승하면 공매도자들이 손실을 줄이기 위해 급매수에 나선다. 따라서 공매도 잔량이 증가하는 것은 강세 신호, 감소하는 것은 약세 신호다. 모든 투자자는 관심 있는 종목의 공매도 잔량을 살펴야 한다. 주식거래소에서는 매달 15일에 공매도 잔량을 집계한다. 그리고 주요 신문과 금융 매체들은 며칠 뒤 이 수치를 게재한다. 최소한 상당한 변화가 일어난 종목이나 대규모 공매도 포지션이 남은 종목에 한정해서라도 말이다.

공매도 포지션의 중요성은 거래량에 좌우된다. 당연히 공매도 포지션이 5,000주라면 매일 1만 주씩 거래되는 종목의 경우 그리 중요하지는 않을 것이다. 그러나 매일 500주만 거래되는 종목의 경우 상당한 지지가 될 것이다. 전체 시장이 활발하면 대규모 공매도 포지션이라도 크게 의미가 없다. 그에 따른 매수가 빠르게 충족될 것이기 때문이다. 그러나 느린 시장에서는 크지 않은 공매도 포지션도 장기간 상승을 촉발할 수 있다.

공매도 잔량 비율은 특정한 달에 하루 평균 거래량에서 공매도 잔량(또는 포지션)이 차지하는 비율을 말한다. 예를 들어 공매도 잔량이 400만 주이고 거래량이 하루 평균 350만 주라면 공매도 잔량 비율은 약 1.14다.

일반적으로 공매도 잔량 비율이 1.5 이상이면 시장이 '과매도' 포지션일 가능성이 크다. 따라서 상승세가 전망된다. 반대로 이 비율이 0.5 이하이면 시장의 포지션은 크게 약화되며, 주요한 하락세를 의미한다. '중간'에 해당하는 1.0~1.5 정도라면 약간 강세로 여겨지는 반면, 0.5~1.0은 주의 구간으로 간주된다.

트렌드라인의 단주 지수

추종자가 늘어나는 또 다른 지표는 어떤 의미에서 대중은 언제나 틀린다는 이론을 토대로 한다. 이 이론은 새로운 추세가 전개되어 '소액 투자자들'에게 전파될 무렵이면 '스마트 머니'는 이미 행동에 나섰으며, 다음 전개를 예상하고 있다고 주장한다. 이는 마치 '유행 창조자들'이 새로운 유행을 만들고 일반 대중이 그것을 받아들일 무렵에는 버리는 것과 같다(자동차의 덩치가 커지고 촌스러운 테일핀(Tailfin)을 달던 때를 기억하는가? '유행 창조자들'은 그때 이미 소형 외제차를 몰고 있었다. 사회 분석가는 대중용 소형차가 곧 유행할 것이라고 예측할 수 있었다).

공교롭게도 시장은 '소액 투자자들'의 태도를 반영하는 예리한 척도를 제공하는데, 그것은 바로 단주 또는 100주 미만 거래량이다. 기본 단위의 경우 매수자를 위한 매도자가 있다. 그러나 단주의 경우 물량을 재고로 보관하는 중개사를 상대로 매매가 이뤄진다. 이 중개사는 시장가격보다 아주 약간 높거나 낮은 가격에 단주 매매를 하면서 다른 증권사들에게 중개 서비스를 제공한다. 그들은 매일 얼마나 많은 주식을 사고팔았는지 보고한다(공매도 물량 포함). 그래서 우리는 '소액 투자자들'이 매수보다 매도를 더 많이 하는지(또는 그 반대인지), 그 규모는 어느 정도인지 알 수 있다.

가필드 드류는 단주 거래량을 토대로 시장을 예측하는 기법을 발전시켰다고 평가받는다. 그 전제는 단주 매매자들은 항상 틀린다는 것이다. 주요 차트 발행사인 '트렌드라인(Trendline)'은 면밀한 분석을 통해 이 접근법이 상당히 유효하다는 사실을 발견했다. 그래서 한눈에 단주 추세를 보여주는 트렌드라인 단주 지수를 개발했다.

그 산출 과정은 다음과 같다.

1. 먼저 1937년부터 1960년까지 주간 단위로 단주 매수와 매도의 비율을 분석했다. 그 결과 단주 매매자들은 대개 매도보다 매수를 더 많이 한다는 사실이 확인되었다(그 부분적인 이유는

그들이 때로 기본 단위까지 주식을 사모으기 때문일 수도 있고, 시장이 장기적으로 확장하고 상승하기 때문일 수도 있다).

2. 정상적인 비율인 11 대 10이 정상 매수선(Normal buying line)으로 정해졌다.

3. 차트에서 각 주의 비율이 정상 매수선을 기준으로 표시된다.

4. 이 지수는 해마다 11월 1일과 1월 20일 사이에 계절 조정을 거친다. 조사 결과 단주 매수는 단주 매도와 비교하여 11월 1일부터 12월 20일까지는 가파르게 줄어들고, 12월 20일부터 1월 20일까지는 가파르게 늘어난다.

물론 이 지수가 정상 매수선 위로 올라가면 단주 매매자들이 평소보다 많이 매수하고 있다는 뜻이다. 반대로 정상 매수선 아래로 내려가면 평소보다 많이 매도하고 있다는 뜻이다. 오랜 기간에 걸친 조사 결과를 토대로 이 지수를 해석하는 다음과 같은 원칙들이 확립되었다.

1. 단주 매수는 일관되게 강세 기간에 정상 수준보다 훨씬 적다. 이는 유효한 주요 움직임으로 시장의 상승을 확증하는 데 도

움을 준다.

2. 상승의 끝을 향할 때 단주 매매자들은 정상 수준보다 많이 매수하기 시작한다. 그들은 시장이 고점을 찍을 때까지 계속 매수한다. 종종 그들의 매수는 고점 근처에서 광적으로 이뤄지기도 한다.

3. 그들은 또한 하락의 초기 단계 동안에 정상 수준보다 많이 매수한다. 그러다가 하락이 계속되면서 점차 줄어든다.

4. 유효한 바닥 근처에서 단주 매수는 대개 정상 수준보다 훨씬 적다.

어떤 지수나 방법론 또는 시스템도 완전히 정확하게 시장을 예측하지는 못한다. 그러나 이 장에서 소개한 방법론들을 종합하여 현명하게 판단하면 성공률을 크게 높일 수 있다.

차트 55. 등락주선

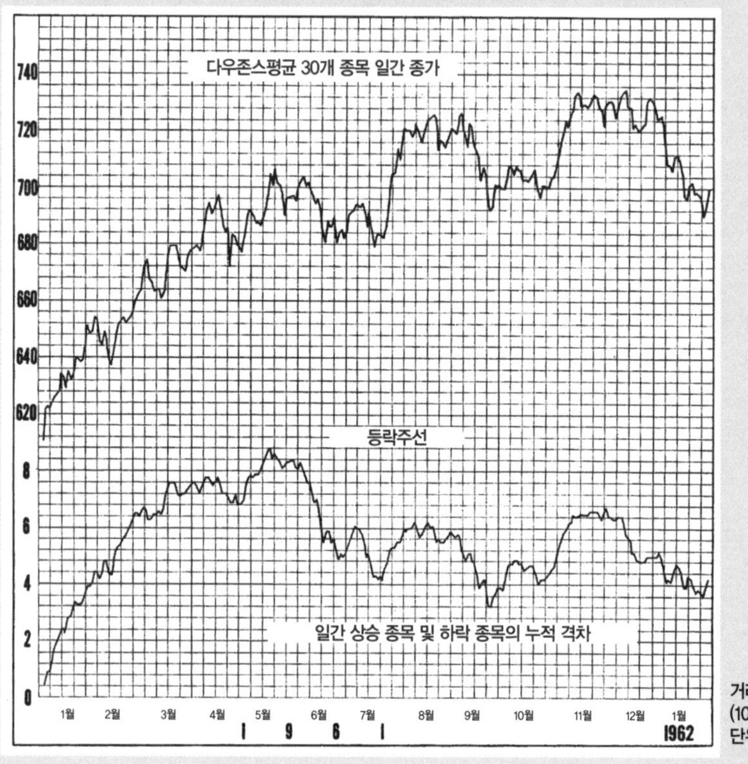
다우존스평균 30개 종목 일간 종가
740
720
700
680
660
640
620
등락주선
8
6
4
2
0
일간 상승 종목 및 하락 종목의 누적 격차
1월
2월
3월
4월
5월
6월
7월
8월
9월
10월
11월
12월
1월
1 9 6 1
1962
거래량
(100주
단위)

하나의 지표에 대한 분석은 언제나 가능한 다른 많은 지표와 연계하여 분석해야 한다. 또한 다양한 지표의 해석과 관련하여 제시된 규칙은 교리가 아니라 지침에 불과하다. 1961년 1월부터 1962년 1월에 걸친 기간의 등락주선 차트(〈차트 55〉 참고)를 살펴보면 1961년 초에 나온 활발한 상승 추세가 다우존스지수의 상승을 위한 토대가 된다는 것을 알 수 있다. 그에 따라 등락주선은 1961년 6월에 고점을 찍는다. 다우존스지수는 계속 신고점을 찍지만 등락주선은 앞으로 지수가 멀리 나아가지 못할 것임을 경고한다. 1962년 1월에 상승세가 늦춰지고 지수가 하락한 것은 이런 추론을 뒷받침한다. 등락주선은 다우존스평균 또는 같은 맥락에서 다른 주요 주식 평균보다 훨씬 더 폭넓은 시장의 추세를 말해주는 것처럼 보인다.

차트 56. 배런스 신뢰지수

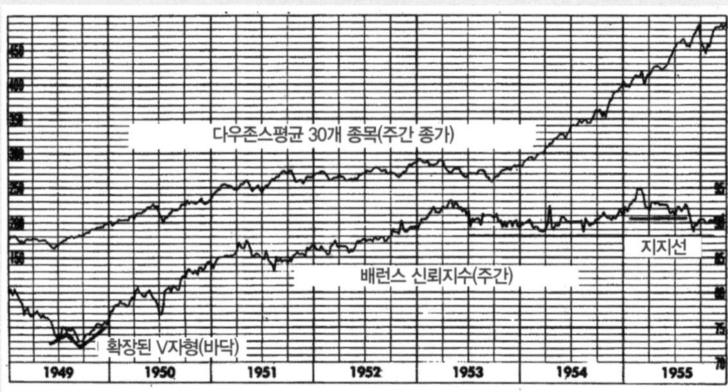

배런스 신뢰지수를 활용하는 대다수 지지자는 이 지수의 작은 움직임을 다가올 주식시장 평균의 작은 움직임을 나타내는 지표로 삼는다. 필자는 다른 방식으로 이 지수를 활용하는 것을 선호한다. 예를 들어 지수 자체를 분석 대상으로 삼는다.

〈차트 56〉에서는 신뢰지수와 평균의 추세를 예측하는 데 중요한 주요 형태들이 표시되어 있다. 1949년의 V자 바닥형은 오랜 '강세' 시장을 예고한다. 실제로 1956년과 1957년까지 주요한 천장 형태가 보이지 않다가 중요한 지지 구간이 무너진다. 신뢰지수는 아래로 휘어진 추세선을 그리다가 1958년 1월에 확장된 V자 바닥형으로 정점에 이른다. 1959년에 형성된 선형 천장은 하락을 촉발한다. 이 하락은 1960년에 형성된 이중바닥으로 반전된다. 추세는 6월까지 더 상승하다가 상승 추세선이 깨진다. 그러나 1월부터 3월에 걸친 저점을 이은 지지선이 확실하게 깨지지 않아서 대규모 '약세' 신호는 연기된다.

차트 57. 공매도 잔량 비율과 다우존스 산업지수

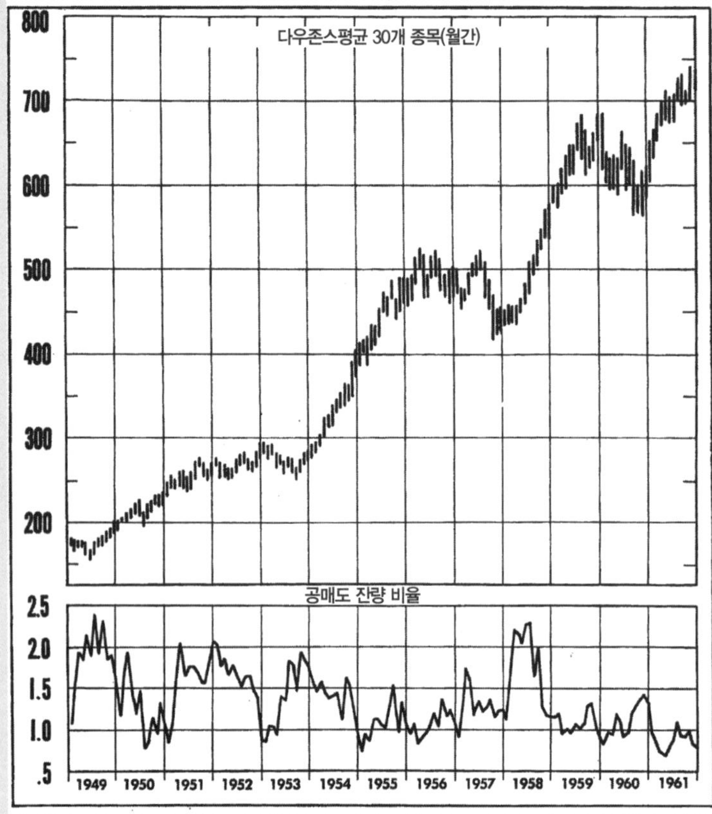

공매도 잔량 비율을 활용하는 방법에 따르면 그 비율이 1.5 이상일 때 시장 전망은 강세다. 1949년부터 1961년까지 다우존스 월간 차트와 공매도 잔량 비율선의 관계를 살펴보면 이 규칙이 특히 유효한 것으로 드러난다.

〈차트 57〉은 일반적인 규칙, 예를 들어 '2.0 이상일 때 시장 상황은 극도의 강세'라는 규칙을 수정할 필요가 있음을 말해준다. 1949년과 1958년이 이런 경우에 해당한다. 〈차트 56〉에서 1958년 초반에는 심한 약세를 보여준다. 그러나 같은 시기에 이 지표가 시사하는 강세는 모든 약세 해석을 무효화하는 데 도움을 준다. 공매도 잔량 비율선이 0.5 이하로 내려가면 '약세'인 것으로 해석할 수 있다. 다만 낮게는 0.5에서 1.0까지는 주의 구간으로 볼 수 있다. 〈차트 57〉에 표시된 기간 동안 공매도 잔량 비율 지표는 약세 또는 '과매수' 구간보다 훨씬 높은 구간에 머무른다.

차트 58. 트렌드라인 월간 단주 지수와 다우존스평균

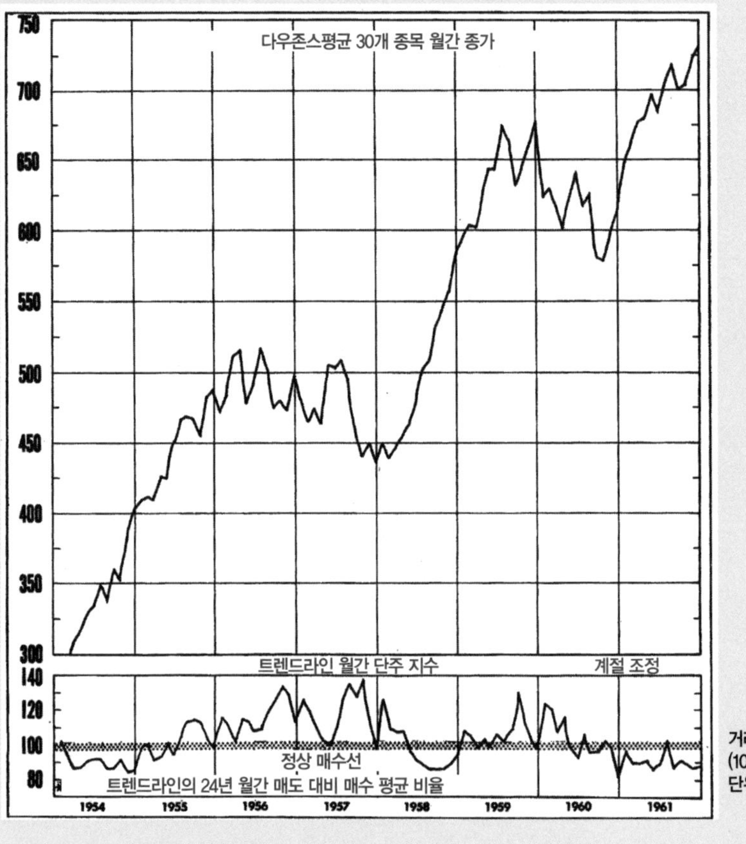

〈차트 58〉과 〈차트 59〉에 나오는 트렌드라인의 단주 지수와 다우존스평균 30개 종목을 비교하면 단주 지수가 다우존스평균의 주요 전환을 예상하고, 진정한 '강세' 움직임의 존재를 확증하는 데 도움을 준다는 사실이 드러난다. 장기적 관점을 위해 이 차트는 단주 지수와 다우존스평균을 월간 단위로 제시한다. 단주 매수는 1954년 내내 그리고 1955년의 대부분 기간 동안 정상 매수선 아래에 머무른다(강세 신호). 또한 다우존스평균은 중단 없이 가파르게 상승한다.

1956년의 단주 매수는 정상 매수선을 넘어섰지만, 다우존스평균은 앞으로 나아가지 못한다. 1956년과 1957년에 단주 지수는 정상 수준을 훌쩍 넘어서면서 '약세'를 가리킨다. 또한 다우존스평균은 대부분 반락한다. 1958년에 단주 매수는 정상 수준보다 매우 낮고 다우존스평균은 다시 활발하게 상승한다. 1959년, 1960년, 1961년에 대한 분석은 다음 페이지에서 다룰 것이다.

차트 59. 트렌드라인 주간 단주 지수와 다우존스평균

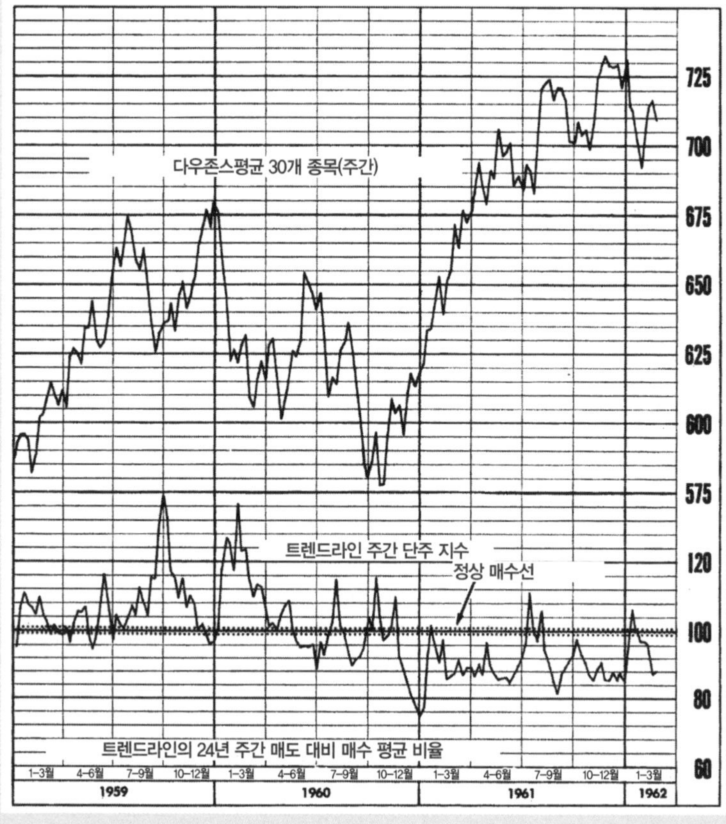

(〈차트 58〉보다) 면밀한 분석을 위해 〈차트 59〉는 1959년, 1960년, 1961년에 걸쳐 트렌드라인 단주 지수와 다우존스 산업평균을 주간 단위로 표시한다. 또한 단주 지수의 폭넓은 변화가 어떻게 뒤이은 다우존스평균의 작은 움직임에 영향을 주는지 보여준다.

1959년 9월에 가파른 시장의 반락 이후 비정상적인 수준의 단주 매수가 이뤄진다. 바로 뒤이어 다우존스평균이 상승한다. 1960년 1월과 2월에도 가파른 시장 하락 후 단주 매수가 급증한다. 이는 몇 달 후 시장의 상승을 이끌어낼 것으로 확인된다. 두 경우에 단주 매매자들은 위태로운 상황에 처한 것으로 드러난다. 각각의 주가 상승은 바로 신저점에 길을 내주기 때문이다. 그러다가 1960년 12월에는 단주 매수가 정상 수준보다 훨씬 낮은 수준으로 줄어든다. 이는 1961년에 이뤄질 주요한 상승을 알려준다. 계속되는 '강세' 움직임을 확증하는 추가적인 단서는 1961년에 단주 매수 패턴이 대체로 정상 수준 아래에 머무른다는 것이다.

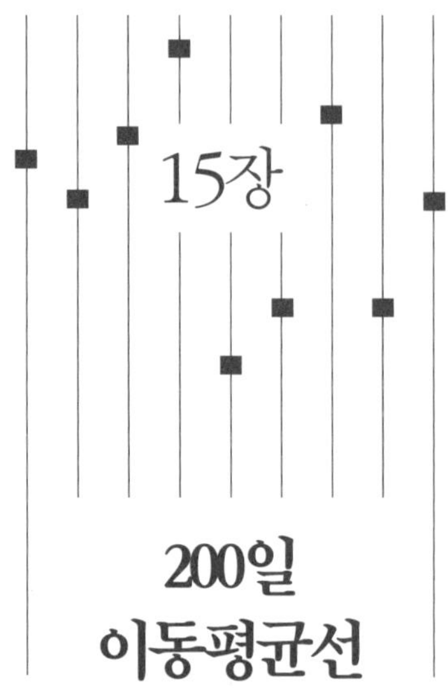

15장

200일 이동평균선

기술적 분석가들은 추세를 감지하거나 측정하는 수많은 수단을 오랫동안 실험했다. 다수는 일간 변동을 극복하기 위해 일종의 '이동평균선'을 활용한다. 예를 들어 월간 신규 건설 계약 수치를 다루는 경제학자는 추세선을 완만하게 다듬고 싶을 수 있다. 그래야 대규모 단일 계약이 월 물량에 초래할 왜곡을 줄일 수 있기 때문이다. 그래서 그는 3개월 이동평균선을 활용한다. 즉 3월의 잠정 수치를 구하기 위해 2월, 3월, 4월의 실제 수치를 평균한다. 또한 4월의 잠정 수치는 3월, 4월, 5월 수치의 평균을 구한다.

이 수치들을 차트에 표시하면 상당히 믿을 만한 추세선이 생긴다. 시장 분석에서도 비슷한 기법을 활용할 수 있다. 앞장에서 설명한 등락주선도 이동평균선의 일종이다.

추세의 척도로써 이동평균선이 가지는 한 가지 이점은 간단한 계산을 통해 구할 수 있다는 것이다. 그리고 개인적 판단에 의존하지 않는다는 것이다.

분석가들 사이에서는 약 200일을 포괄하는 이동평균선이 장기 추세의 척도로 많이 선호된다. 이 이동평균선을 가장 힘들게 얻는 방법은 200일 연속으로 한 종목(또는 시장 평균)의 종가를 더한 다음 200으로 나눠서 200일째의 이동평균을 구하는 것이다. 그리고 201일째에는 1일째 종가를 제외하고 201일째 종가를 더해서 구하면 된다.

그랜빌을 비롯한 대다수 분석가는 30주에 걸쳐 1주당 하나의 주가를 활용하는 것이 덜 성가시면서도 충분히 만족스러운 방식이라고 여겼다. 트렌드라인은 30주 연속으로 매주 목요일의 종가를 더한 다음 30으로 나눠서 '200일 이동평균'을 계산한다. 매주 새로운 수치가 더해지고, 30주 전의 수치는 제외된다. 이 이동평균선은 일간 주가 변동과 비교하기 위해 관례상 일반적인 주가 차트에 표시된다.

그랜빌은 이런 차트를 해석하는 8가지 기본 원칙을 다음과 같이 제시한다.

1. 200일 이동평균선이 하락 이후에 평탄해지거나 상승하고 주가가 해당 이동평균선을 상방으로 관통하면 이는 주요 매수 신호다.

2. 이동평균선이 상승하는 동안 주가가 이동평균선 아래로 떨어지는 것도 매수 신호다.

3. 주가가 200일 이동평균선 위에 있고, 이동평균선을 향해 하락하다가 관통하지 않고 반등하는 것은 매수 신호다.

4. 주가가 하락하는 이동평균선 아래로 너무 빨리, 너무 멀리 떨어지면 이동평균선을 향한 단기적인 반등을 예상할 수 있다.

5. 이동평균선이 상승 후 평탄해지거나 하락하고, 주가가 이 이동평균선을 하방으로 관통하면 중요한 매도 신호다.

6. 이동평균선이 계속 하락하는 동안 주가가 이동평균선 위로 상승하는 것도 매도 신호다.

7. 주가가 아래에서 이동평균선을 향해 상승하다가 관통하지 않고 다시 하락하면 매도 신호다.

8. 주가가 상승하는 이동평균선 위에서 너무 빨리 상승하면 단기적인 반락을 예상할 수 있다.

이런 지침들은 시장에 대응하는 '시스템'이 아니라, 또 다른 기술적 도구로 활용해야 한다. 즉 차트 분석을 위한 기본적인 기법에 추가하는 유용한 기법으로 삼아야 한다. 특히 시장 전환 타이밍을 계산할 때는 일간 주가 변동을 먼저 고려해야 한다.

200일 이동평균선은 민감한 지표가 아니다. 추세 반전은 종종 이동평균 자체가 방향을 바꾸기 훨씬 전에 주가 변동에서 분명하게 나타난다.

차트 60. 론슨 : 200일 이동평균선과 주가가 함께 상승한다

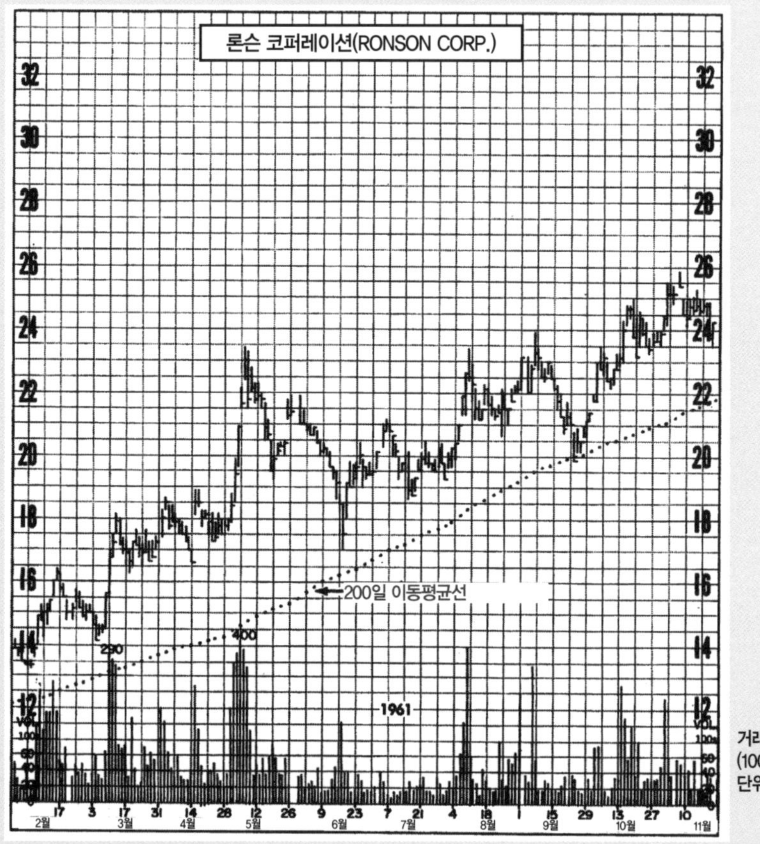

'강세' 움직임 동안 주가는 대개 200일 이동평균선 위에 머문다. 〈차트 60〉에서 주가와 200일 이동평균선은 비교적 질서정연하게 올라간다. 5월 초의 상승은 주가가 이동평균선으로부터 멀어진 유일한 경우로 짧은 기간 동안에만 지속된다. 이 상황에서 이동평균선은 추세 전개를 알리는 최선의 지표다.

추세선이나 지지선 및 저항선도 잘못된 판단을 초래할 수 있다. 반면 이동평균선은 상승기 내내 주가가 나아가는 방향에 대해 의문의 여지를 남기지 않는다. 앞서 언급한 대로 이동평균선은 '차트 분석을 위한 기본적인 기법에 추가하는 유용한 기법'이다. 또한 〈차트 60〉과 뒤에 나오는 〈차트 61〉의 사례에서처럼 때로는 주된 기술적 도구가 될 수도 있다.

차트 61. 콜린스 라디오 : 200일 이동평균선과 주가가 같이 하락한다

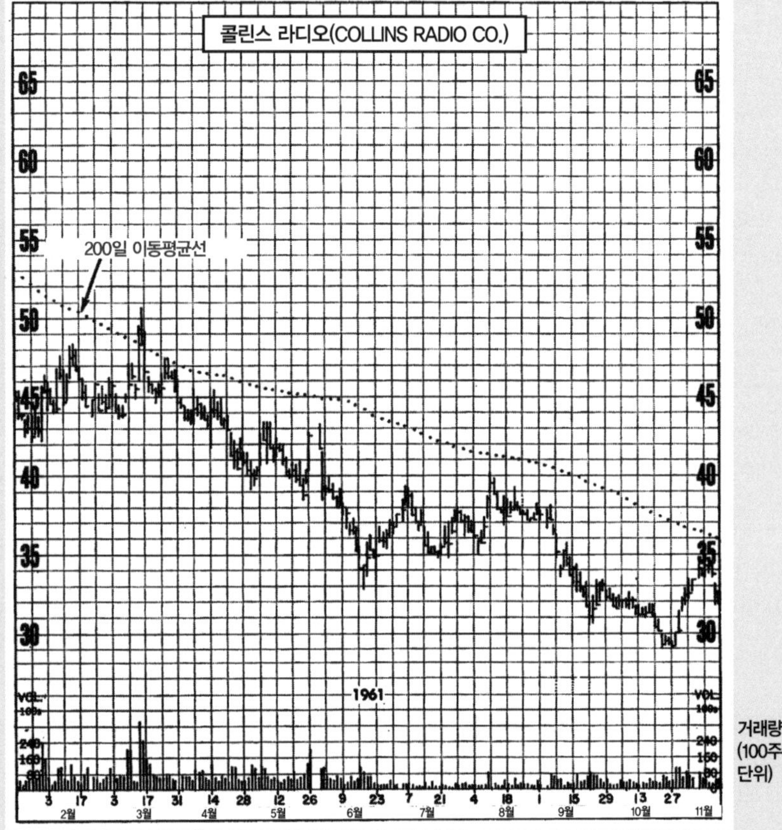

〈차트 61〉은 앞의 〈차트 60〉의 론슨 차트를 거의 그대로 뒤집어 놓은 '거울 이미지'처럼 보인다. 주가는 하락 추세를 따르며 이동평균선 아래에 머문다. 하락 추세에서 주가가 이동평균선에 끌리는 힘은 상승 추세만큼 강하다. 이 차트는 이동평균선이 주요 기술적 도구로 드러나는 또 다른 사례다. 이동평균선을 참고하지 않으면 경험 많은 차트 분석가도 두 개의 이전 저항선을 깨는 5월 상승에 속을 것이다. 그러나 그랜빌의 6번 규칙에 따르면 "이동평균선이 계속 하락하는 동안 주가가 이동평균선 위로 상승하는 것도 매도 신호다." 차트에 대한 엄격한 해석이 모호해질 때(그런 경우가 많다) 이동평균선은 기술적 분석가의 도구함에 추가할 수 있는 반가운 도구이다.

차트 62. 퍼스트 차터 파이낸셜 : 200일 이동평균선으로의 복귀 움직임

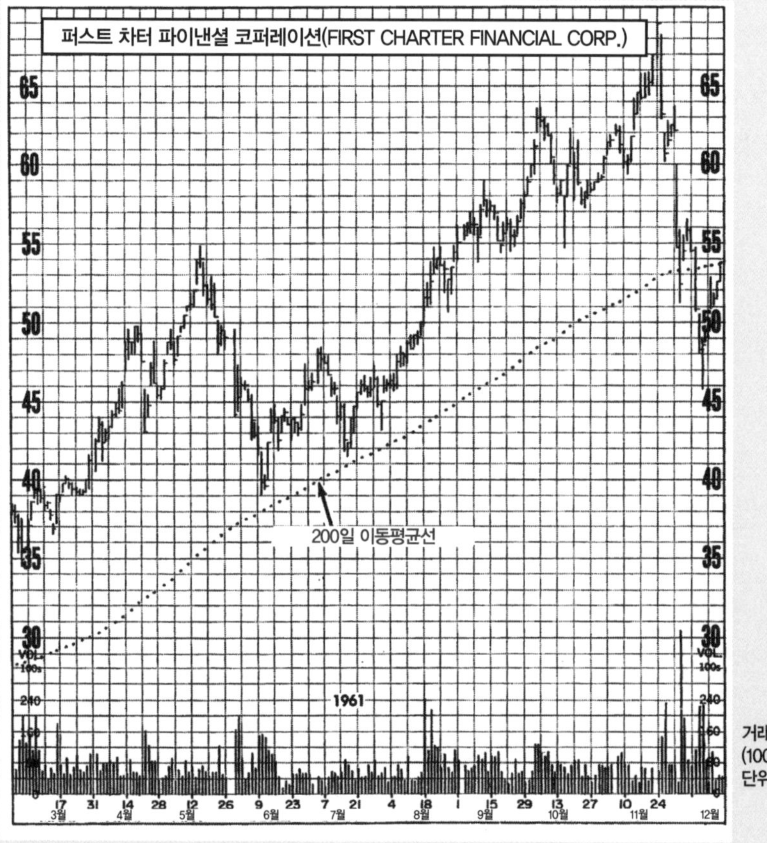

그랜빌의 8번 규칙에 따르면 “주가가 상승하는 이동평균선 위에서 너무 빨리 상승하면 단기적인 반락을 예상할 수 있다.” 이 규칙은 〈차트 62〉의 사례에서 단기 투자자들에게 큰 도움이 되었을 것이다. 5월에 55달러를 기록한 주가는 이동평균선보다 19포인트 위에 있다. 그로부터 3주 후 16포인트에 이르는 반락이 주가를 이동평균선 근처로 되돌린다. 이 패턴은 11월과 12월에도 반복된다.

다만 두 가지 중요한 차이가 있다. 5월과 6월에 걸친 16포인트 반락은 적은 거래량을 동반하며 이동평균선에 미치지 못한 채 끝난다. 반면 11월과 12월의 경우 하락과 함께 거래량이 급증한다. 주가는 거래량이 지속적으로 증가하는 가운데 이동평균선을 뚫고 아래로 내려간다. 이 두 번째 반락은 일반적인 움직임이 아니라 주요한 추세 전환에 대한 경고이다.

차트 63. 포드 모터 : 주요 저점을 알리는 200일 이동평균선

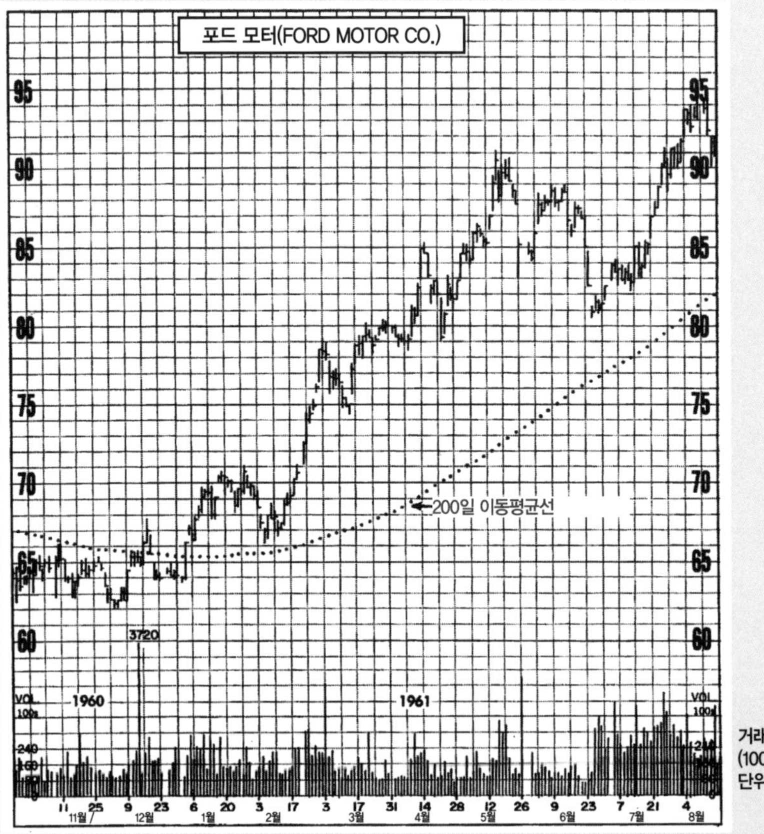

〈차트 63〉을 보면 1961년 1월 둘째 주에 주가는 중요한 저항선(68.5달러) 위로 상승하면서 상승 추세선을 만든다. 이 상승은 또한 3주 동안 두 번에 걸쳐 이동평균선을 뚫는다. "200일 이동평균선이 하락 이후에 평탄해지거나 상승하고 주가가 해당 이동평균선을 상방으로 관통하면 이는 주요 매수 신호다"라는 그랜빌의 1번 규칙을 고려하면 이 관통(또는 3주 전의 관통)은 매수 신호로 해석할 수 있다. 그러나 과거의 자료를 조사해보면 이 규칙과 (주요 매도 신호와 관련된) 5번 규칙은 많은 가짜 움직임으로 오역될 수있다. 따라서 '이동평균선' 관통을 주요 매수 또는 매도 신호로 간주하기 전에 주가 차트의 독립적인 움직임에서 확증 신호들을 찾아내야 한다.

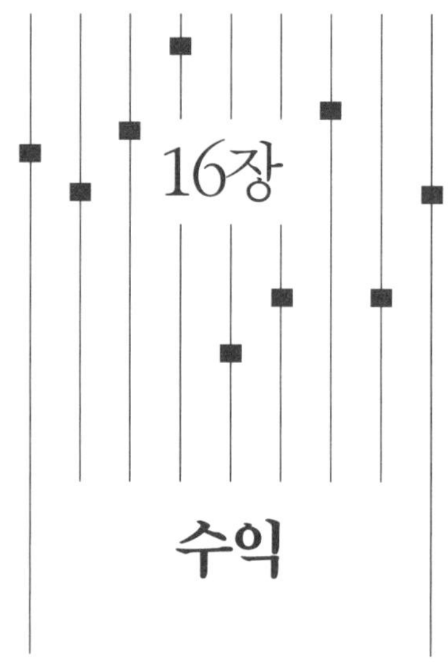

16장

수익

차트를 제대로 공부하면 시장에 대해 틀릴 때보다 맞출 때가 더 많을 것이다. 이 정도만으로도 수익을 내기에 충분하다. 그러나 주가를 예측하는 능력이 뛰어나다고 해도 절대 시장에서의 성공을 자동으로 보장해주지는 않는다. 예측과 매매는 다른 문제다. 오랜 월스트리트의 격언대로 "예측은 파종하고 매매는 수확한다."

합당한 예측은 주가가 오를 것임을 알려준다. 그러나 얼마나 많은 자금을 언제 위험에 노출시키고 언제 빠져나올지 결정하려면 적절한 매매 전술이 필요하다. 예측 능력이 뛰어난 사람도 매매를 잘못하면 돈을 전부 잃을 수 있다. 반면 예측 능력이 부족해도 매매를 잘하면 부자가 될 수 있다. 실제로 월스트리트의 뛰어난 애널리스트들 중에 시장에서 돈을 번 적이 없는 사람들이 많다. 내 친구는 이런 사람들에 대해 '머리는 좋지만 구멍 난 신발을 신고 다니는 사람들'이라고 말한다. 이 구멍을 메우려면 차트 분석과 타당한 매매 또는 투자 프로그램을 결합해야 한다.

월스트리트의 저술가들은 투자를 군사 용어로 설명하기를 좋아한다. 예를 들어 한 베스트셀러의 제목은 《투자 생존을 위한 전투(The Battle for Investment Survival)》(제럴드 로엡(Gerald Loeb))다. 또한 시장을 '매수 및 매도 급습과 약세 및 강세 습격이 이뤄지는 전쟁터'라고 말하는 사람들도 있다. 이런 표현 방식에 맞춰서 주가 전망을 분석하는 차트 기법과 다른 수단을 모두 양호한 무기로 볼 수 있다. 그러나 전투에서 이기려면 좋은 전술이 필요하다. 적절한 투자 프로그램은 책으로 가르칠 수 없다. 각 개인의 성격과 상황에 맞춰야 하기 때문이다. 그래도 여기서 몇 가지 지침을 제시하고자 한다.

우선 행동 계획부터 만들어야 한다. 모든 계획은 무계획보다 낫다. 행동 계획은 다음 질문에 대한 답을 토대로 삼는 것이 좋다.

1. 얼마나 투자할 것인가?
2. 얼마나 잃을 준비가 되어 있는가?
3. 목표 수익은 얼마인가?

4. 어떻게 들어갈 것인가?

5. 어떻게 나올 것인가?

1. **얼마나 투자할 것인가?** 주식에 투자하려는 사람은 집, 보험, 정기 생활비, 비상자금 그리고 최소한의 은퇴자금 같은 기본적인 생활에 필요한 자금을 건드리지 말아야 한다. 버나드 바루크(Bernard Baruch)가 지킨 철칙 중 하나는 "시장에 모든 자금을 넣지 않는다"는 것이었다.

   또한 가용한 투자 자금도 전부 넣지 않는 것이 좋다. 예를 들어 기본적으로 필요한 자금을 제외하고 2만 달러가 남는다고 가정하자. 이 경우 다양한 시기에 기회와 시장 여건에 대한 분석에 따라 10~90% 정도를 투자하는 것이 현명하다. 또한 더 많은 비중을 넣기 전에 양호한 수익을 확보해둬야 하며, 전반적인 시장 전망은 매우 낙관적이어야 한다. 여분의 현금 포지션은 기동성을 제공하며, 시장 분석에 필요한 객관적인 관점을 유지하는 데 도움을 준다.

2. **얼마나 잃을 준비가 되어 있는가?** 숙련되지 못한 투자자에게 '손실'은 금기어와 같다. 반면 경험 많은 투자자는 모든 상황이 악화될 수 있음을 알고 있다. 나폴레옹이 전장에서 언제나 실수의 여지를 남겨둔 것처럼 당신도 시장에서 역경의 여지

를 남겨둬야 한다. 뛰어난 사업가는 후퇴하기 전까지 얼마나 많은 위험과 손실을 기꺼이 감수할 수 있는지 미리 결정해야 한다. 시장은 언제나 존재한다. 다시 싸울 날을 원한다면 "그만"이라고 말할 때를 알아야 한다. 합리적인 분석가는 유리한 확률(승산)을 선호한다. 다만 손실이 난 한두 번의 투자에서 돈을 다 잃지 말아야 한다.

지금 필자의 머릿속에 떠오르는 한 가지 성공적인 매매 프로그램은 10% 규칙을 활용하는 것이다. 이 규칙은 주가가 잘못된 방향으로 나아갈 경우 손실이 10%에 이를 때 발을 빼는 것이다. 구체적인 방법은 '손절매 주문(주가가 특정한 가격대까지 떨어지면 매도하는 주문)'을 걸어두면 된다. 또는 머릿속으로 가격지정주문을 걸어두면 되지만 그러기 위해서는 상당한 자제력이 필요하다. 어떤 단기 투자자들은 최대 25%의 손실을 허용한다. 이 수치도 자금, 세금 상황, 기존 수익, 다른 사안을 고려할 때 합당할 수 있다.

3. **목표 수익은 얼마인가?** 얼마나 많은 자금을 넣을지, 그리고 어느 정도의 손실을 감수할지 결정했다면 목표도 분명하게 파악해야 한다. 수익 목표는 25%나 50%, 심지어 100%로 설정할 수 있다. 다만 일반적으로 위험이 클수록 잠재수익이 크며 그 반대도 마찬가지라는 사실을 명심해야 한다. 당신

은 그냥 추세를 따라가고 싶을 수도 있는데, 이를 '피라미딩(Pyramiding)'이라고 한다. 피라미딩은 주가가 올라감에 따라 추가로 매수하는 것을 뜻한다. 이런 투자법을 사용하려면 시장에서 자동으로 빠져나올 수 있는 보호수단을 갖춰야 한다. 예를 들어 상승하는 주가의 특정 금액 아래에 손절매 주문을 걸어둘 수 있다. 이런 접근법을 거부하고 그냥 차트 분석에 의존하여 빠져나올 시점을 판단할 수도 있다. 어떤 투자법을 활용하든 투자하기 전에 목표를 정하고 지켜야 한다.

4. **어떻게 들어갈 것인가?** 당신은 완벽하게 유효한 여러 방식으로 특정 종목에 주의를 기울일 수 있다. 예를 들어 회사의 제품이 마음에 들거나, 경영진을 높게 평가할 수 있다. 또는 투자 팁을 얻었을 수도 있다. 믿을 수 있는 출처로부터 팁을 찾는 것은 잘못된 일이 아니다. 그러나 단지 팁을 얻었다고 해서 주식을 매수하는 것은 엄청난 실수다(유명한 투자자인 제시 리버모어가 말한 대로 "스미스의 팁을 듣고 주식을 매수하면 매도할 때도 그의 팁을 들어야 한다").

해당 종목에 대해 당신이 알 수 있는 모든 것을 알아내야 한다. 회사의 보고서와 투자 안내서, 무디스와 S&P의 데이터 그리고 증권사나 투자자문사가 발표한 모든 조사 내용을 읽어라. 또한 회사에 정보를 요청할 수도 있다. 매출, 이익, 현금흐름(이익+감가상각액), 그리고 다른 펀더멘털을 가능한 완전하게 분석하라. 그다음에 차트를 분석하라. 차트가 기본적으로 강세를 나타내고 다른 분석도 일치하면 투자에 성공할 확률이 높아진다.

다시 말하지만 차트는 돌파 지점이나 지지선 또는 거래량을 동반한 정상적인 반락 같은 매수 적기를 찾는 데 활용해야 한다. 해당 지점에서 포지션을 취하라. 또한 해당 종목에 얼마나 많은 자금을 넣을지, 한 번에 넣을지 아니면 나눠서 넣을지, 반락 때 매수할지 아니면 '불타기(Scale-up, 자신의 매수 평균단가 이상의 가격에서 매수하는 것)', 즉 주가가 상승하면 추가로 매수할지 결정하라. 절대 '물타기(Scale-down, 매입한 주식이 하락했을 때 저가로 추가 매입해 매입 평균단가를 낮추는 것)'를 하지 마라. 물타기를 하면 손실만 늘어날 뿐이다. 수학적으로 물타기는 수익을 올릴 확률을 낮춘다. 해당 종목에 엄청난 확신이 있거나, 엄청난 배짱이 있거나, 엄청난 돈이 있지 않다면 말이다.

5. **어떻게 나올 것인가?** 이는 모든 투자 프로그램에서 가장 어려운 부분이다. 전문가와 아마추어를 막론하고 월스트리트의 투자자들이 흔히 하는 하소연은 "수익이 났을 때 팔았어야 했다"는 것과 "조금 더 버텼어야 했다"는 것이다.

다시 말하지만 수익 목표를 정하고 행동 계획을 세워야 한다. 투자 시스템이 기계적인 경향을 지닌다면 (A) 모든 투자에서 10%의 손실을 감수하고, (B) 3번 중 1번만 맞다면, (C) 맞았을 때 30% 이상을 벌어야 순수익이 난다고 판단할 수 있다. 일부 단기 투자자들은 50~100%로 목표치를 고정한다.

최근에 나온 한 투자 관련 베스트셀러는 추적 손절매 주문 시스템으로 엄청난 수익을 올릴 수 있다고 주장한다. 이 시스템은 저자가 '주가 변동 박스'라고 부르는 정체 구간 아래에서 계속 손절매 가격을 올려서 설정한다. 그래서 비정상적인 반락이 나오면 자동으로 발을 빼게 된다. 물론 이 방식을 이용하면 언제나 천장 아래 어딘가에서 전량 매도하도록 보장받을 수 있을 것이다. 그러나 버나드 바루크가 자서전에서 말한 대로 "천장에서 매도하고 바닥에서 매수하는 것은 거짓말쟁이들뿐이다."

반면 순수한 차트 분석가들은 차트 기법을 활용하여 언제 시장에서 나올지 판단한다. 그는 분석 결과에 따라 상승 속도가 느려지든지, 반전이 임박하거나 이미 진행 중일 때 매도한다. 반전이 확증되기를 기다리는 것도 탁월한 기법이다. 그러나 거기에는 강한 자제력이 필요하다. 어떤 사람들은 절대 이 기법을 사용할 만큼 객관적인 태도를 갖지 못한다.

다시 말하지만 어떤 계획도 무계획보다 낫다. 물론 투자 계획은 매우 개인적인 것이다. 당신은 자신의 강점과 약점을 알아야 한다. 그리고 당신의 필요에 맞고, 당신이 따를 수 있는 계획을 적용해야 한다. 필자는 최근 두 명의 유명 투자자의 글에서 놀라울 만큼 비슷한 생각을 접했다. 그중 한 명은 주식시장에 대해 우리가 배울 수 있는 가장 중요한 것은 '자신에 대해 아는 것'이라고 말했다. 다른 한 명은 "성장의 열쇠가 있다면 그것은 비판적으로 자신을 평가하려는 체계적인 노력에 있다. 나는 나 자신을 알게 되면서 다른 사람도 더 잘 이해하게 되었다"라고 말했다.

물론 당신의 결점과 별개로 재정 상태, 주식투자에 할애할 수 있는 시간, 경험도 투자 프로그램을 만드는 데 중요하다.

함정과 이익

차트 읽기는 과학이 아니라 예술이다. 이 사실을 잊은 투자자들에게는 많은 함정이 기다리고 있다. 그러면 차트 분석의 몇 가지 함정을 살펴보자.

돌발 사태 : 예기치 못한 역동적 사태가 경고 없이 차트의 추세를 반전시킬 수 있다. 그것은 전쟁 공포나 '평화 공포(Peace scares)', 전반적인 시장의 분위기에 영향을 미치는 정부의 갑작스런 행동 등이 될 수 있다. 또는 단일 기업이나 산업에 영향을 미치는 노다

지나 재난이 될 수 있다. 월스트리트는 1956년에 아이젠하워 대통령이 심장마비를 일으킨 후 첫 거래일을 생생하게 기억한다. 당시 몇 시간 만에 수십억 달러의 시장가치가 날아갔다. 위임장 투쟁, 반독점 조치, 신제품, 합병도 종종 추세를 극적으로 바꾼다.

차트 분석은 속임수가 아니라 시장 심리를 토대로 삼는다. 일부 '순수한' 이론가들처럼 모든 사건이 발생하기 전에 차트에 기록된다고 믿는 것은 말이 안 된다. 한마디로 차트는 위자보드(심령술에서 쓰는 판-역자 주)가 아니다.

우유부단 : 주식은 "3분의 2의 시간을 나머지 3분의 1의 시간 동안 무엇을 할지 결정하는 데 쓴다"는 말이 있다. 경험 많은 차트 분석가는 이 말에 크게 공감할 것이다. 종종 "차트가 무슨 말을 하나요?"라는 질문을 받는다. 그때 흔한 대답은 "아무 말도 하지 않아요"다(대다수 종목은 대부분의 시간 동안 아무런 신호도 보여주지 않는다. 그러나 일부 종목은 언제나 움직이거나 움직일 준비를 한다). 많은 차트에 접근할 수 있는 분석가는 유망한 추세나 패턴을 충분히 찾을 수 있다.

같은 것은 없다 : 모든 사람이 그렇듯, 모든 상황은 나머지 모두와 적어도 조금은 다르다는 것은 시장이 지니는 매력의 일부다. 어떤 패턴도 정확하게 같은 방식으로 형성되지 않는다. 그래서 그 해석은 분석가의 경험, 판단, 상상에 좌우된다. 그랜빌은 차트 분석

을 피아노 연주에 비유한다. 누구라도 악보에 있는 음표를 비슷하게 따라가는 법을 배울 수 있다. 그러나 그 결과물은 전혀 다르다. 카네기홀로 가는 길을 묻는 소년에게 할머니가 말한 것처럼 답은 "연습! 또 연습!"이다.

무슨 일이지? : 때로는 확증된 분명한 형태나 추세처럼 보이는 것이 뚜렷한 갑자기 이유 없이 무너지기도 한다. 심지어 사후 분석을 해봐도 이유가 드러나지 않는다. 사실 이런 일이 자주 발생하지는 않지만, 나중에 잘 살펴보면 대개는 무엇이 문제였는지 알게 된다. 그러나 그렇지 않을 때도 있다.

변덕 : 많은 종목은 나름의 성격을 지니며 특정한 패턴을 반복하거나, 따라가기에는 너무 변덕스럽게 행동하기도 한다. 이 경우 분석가는 "이 주식은 차트가 잘 안 그려져"라고 말한다. 예를 들어 한 종목은 꾸준히 이중천장이나 이중바닥을 만든다. 다른 종목은 접시 바닥형보다 둥근 형태의 전환을 선호한다. 또 다른 종목은 쉽게 방향을 바꾼다. 이런 일은 딱히 섬뜩한 구석이 없다.

어떤 종목은 특별한 유형의 추종자를 끌어들이기 위해 특정한 방식으로 행동한다. 어떤 기업은 나름의 주기에 영향을 받아 실적이 불규칙하게 오르내릴 수 있다. 이런 개별 종목의 성격은 여기서 함정으로 나열하지만 기회이기도 하다. 어떤 종목의 장기적인 행동에 익숙한 투자자는 더 많은 확신을 갖고 전환에 대한 판단을 할 수 있다.

조류 : 앞서 말한 대로 개별 종목의 명확한 패턴도 시장의 전반적인 전환 속에 경고 없이 무너진다. 그래서 합리적인 분석가는 기술적·경제적 측면에서 전반적인 시장 여건을 면밀하게 살핀다.

결론

앞서 차트 분석의 한계를 강조한 이유는 1929년의 대폭락 이후 차트와 주식시장에 대한 오명을 뒤집어쓴 일을 기억하기 때문이다. 일부 증권사의 경우 애널리스트들은 멸시나 추방을 당할까 두려워서 차트를 감춰야 했다! 물론 이런 분위기는 사라진 지 오래다. 요즘은 은행, 뮤추얼펀드, 보험사, 연기금, 증권사의 투자상담사들이 차트를 공부한다. 또한 이런 전문가들뿐 아니라 많은 일반 투자자도 마찬가지다.

필자는 매주 〈일간 주가 차트(Daily Basis Stock Charts)〉를 발행하는 출판사(트렌드라인)로 구독자들이 보낸 수백 통의 편지를 읽었다. 그들은 차트를 활용한 덕분에 투자에 성공했다고 말한다. 이 서비스 자체는 특정 종목을 홍보하거나 추천을 하지 않는다. 단지 (차트의 형태로) 팩트를 제공할 뿐이다. 구독자들은 이런 팩트들이 시장에서 추가적인 우위를 제공했다고 생각한다.

차트가 항상 성공을 보장하는 것은 아니다. 그러나 다음과 같은 일을 할 수 있다.

- 가능성이 큰 지지선과 저항선을 가리키고 추세 반전을 알려줌으로써 매수 시점과 매도 시점을 판단하는 데 도움을 준다.
- 이례적인 거래량이나 주가 변동 등 많은 보상을 안길 수 있는 개별 종목의 특이점에 주목하게 만든다.
- 상승이나 하락 또는 횡보 등 현재 추세의 진행 양상과 그 속도의 가속 또는 감속 여부를 파악하는 데 도움을 준다.
- 한눈에 해당 종목의 역사를 보여준다. 그래서 투자자가 상승기에 매수하는지 또는 반락기에 매수하는지, 그리고 주가가 역사적으로 높은 수준인지 또는 낮은 수준인지 말해준다.
- 경제 데이터 또는 종목 팁과 육감을 비롯한 다른 요소에 기반한 매수 결정을 확증(또는 취소)할 수단을 제공한다.

한마디로 차트 없이 어떻게 투자할 수 있을까?

윌리엄 오닐의 이기는 투자

윌리엄 오닐 지음 | 이혜경 옮김 | 284쪽 | 17,500원

윌리엄 오닐은 전설적인 투자자로 30세에 뉴욕 증권거래소 최연소 회원이 된 인물이다. 그가 고안한 CANSLIM 법칙은 여전히 주식시장에서 시장을 이기는 최상의 전략으로 통한다. 이 책은 그런 그가 45년간 주식시장을 종합적으로 연구·분석하며 찾아낸 시장의 작동 원리와 지침을 다루고 있다.

차트의 해석

김정환 지음 | 504쪽 | 23,000원

베스트 애널리스트이자 최고의 기술적 분석가인 저자 김정환의 스테디셀러인 《차트의 기술》의 심화 편이라고 할 수 있다. 《차트의 기술》이 기술적 분석을 위한 기초를 다지게 했다면, 《차트의 해석》은 기술적 분석에 관한 지표나 매매 전략의 의미를 명확히 하여 실제 시장과 종목의 움직임에 대응하는 방법을 알려준다.

ETF 처음공부

김성일 지음 | 524쪽 | 21,500원

《ETF 처음공부》는 '자산배분의 대가'로 불리는 김성일 작가의 신작으로 ETF의 기본 개념과 용어 설명은 물론이고 국가별·자산별·섹터별 투자 가능한 ETF들과 투자성과까지 조사한 책이다. 저자는 투자 포트폴리오는 물론이고 ETF별 수익률을 낱낱이 공개하며 초보자로 하여금 보다 안전한 투자를 할 수 있게끔 도와준다.

투자를 잘한다는 것

배진한 지음 | 264쪽 | 17,500원

구독자수 24만 명 레슨몬TV의 배진한 저자가 쓴 책이다. 그는 대륙제관, 국일제지 등 다수의 회사에 5% 이상의 지분취득을 신고하였고, 여러 종목에서 1,000% 이상 수익을 올린 슈퍼개미다. 500만 원 투자로 수백억 원의 자산을 이루기까지 슈퍼개미 배진한의 성공노하우를 이 책 한 권에 모두 담았다.

현명한 반도체 투자

우황제 지음 | 448쪽 | 19,500원

광범위한 반도체 산업의 이론적인 디테일을 쉽게 풀어 반도체 소재·설계·장비 분야의 투자까지 연결할 수 있도록 도와주는 유일무이한 책이다. 전기전자공학을 전공하고 10년이 넘는 세월 동안 산업의 구별 없이 200개 이상의 기업에 대해 보텀업과 톱다운 분석을 꾸준히 진행해온 저자의 내공이 담겨 있다.

차트의 기술

김정환 지음 | 496쪽 | 22,000원

국내외의 다양한 투자 사례와 해박한 동서양의 인문지식으로 누구나 쉽게 이해할 수 있도록 설명하는 책이다. 최근 기본적 분석과 기술적 분석에 이어 제3의 분석법으로 각광받고 있는 심리적 분석법을 사례를 들어 설명하며 독자들의 이해를 높인다.

반도체 제국의 미래

정인성 지음 | 440쪽 | 18,500원

4차 산업혁명 시대, 반도체는 선택의 문제가 아닌 생존의 문제이다. 미국의 공세, 중국의 야망, 대만 · 일본의 추격… 치열한 경쟁의 세계에서 우리 삶을 좌우할 새로운 제국은 누가 차지할 것인가. 삼성전자, 인텔, TSMC, 엔비디아 등 21세기 승자의 법칙을 통해 흔들리는 패권 속 미래를 전망해본다.

엘리어트 파동이론

엘리어트 지음 | 이형도 엮음 | Robin Chang 옮김 | 309쪽 | 14,500원

금융시장의 핵심 이론 중 하나인 '엘리어트 파동이론'의 원전을 만난다. 엘리어트는 66세가 넘어 처음 주식시장에 발을 들였고 사망하기 전까지 10년간의 활동으로 전 세계 금융시장에 일대 충격파를 던졌다. '파동이론'은 지금도 금융시장의 분석도구로 유용하게 사용되고 있다.

오토 워

자동차미생 지음 | 252쪽 | 17,000원

《오토 워》는 전기자동차와 자율주행으로 대변되는 모빌리티 세상의 과거, 현재, 미래를 현실적으로 바라보게 하는 책이다. '자동차의 도시' 디트로이트 현직 자동차 엔지니어가 바라본 앞으로 10년, 자동차 산업의 모든 것이 이 책에 고스란히 담겨 있다.

실전 공매도

김영옥 지음 | 368쪽 | 18,500원

실전투자대회에 참가하여 수차례 수상한 저자는 20여 년간 트레이딩을 성공적으로 해왔고, 자신의 매매(매수 · 공매도)와 수익을 직접 책에 인증했다. 그는 이 책에 필승 매수 기법을 포함하여 개인투자자가 직접 공매도(대주, 대차, CFD) 거래를 통하여 수익을 내는 기법을 국내 최초로 공개했다.

어느 주식투자자의 회상

에드윈 르페브르 지음 | 박성환 옮김 | 452쪽 | 14,800원

이 책의 작가 에드윈 르페브르는 20세기 전반 주식시장을 주름잡던 '월스트리트의 황제', '추세매매법의 아버지' 제시 리버모어를 인터뷰하여 만든 가공의 인물 래리 리빙스톤을 통해 현대의 금융시장을 이해하는 핵심적인 코드이자 주식시장을 간단히 꿰뚫어버릴 수 있는 해법을 소개한다.

스티브 니슨의 캔들차트 투자기법

스티브 니슨 지음 | 조윤정 옮김 | 김정환 감수 | 376쪽 | 27,000원

전 세계 투자자들에게 캔들차트 분석의 바이블로 불리는 《Japanese Candlestick Charting Techniques》의 번역서가 14년 만에 리커버판으로 다시 돌아왔다. 저자인 스티브 니슨은 이 책을 통해 처음으로 서구 세계에 캔들차트의 배경 지식과 실제적 활용법을 소개했다.

개장 전, 아직 켜지지 않은 모니터 앞에서

강민우(돈깡) 지음 | 248쪽 | 16,000원

'MZ 세대 투자의 아이콘', 40만 인기 유튜버 '돈깡'의 이야기. 그 무엇도 아닌 자신이 되고자 했던 지난 12년간의 치열한 기록을 담았다. 어떻게 자신을 다잡고, 어떤 방식으로 시장을 바라보고, 종목을 분석하고, 공부하는지 등 돈깡이 주식하는 법을 엿볼 수 있다.

채권투자 핵심 노하우

마경환 지음 | 403쪽 | 22,000원

이 책은 어렵게만 느껴졌던 채권투자의 핵심을 투자자의 눈높이에 맞추어 속 시원히 알려준다. 어려운 학술적 정의나 이론은 배제하고 채권의 기본부터 경기 상황별 투자법, 채권펀드 선택법 등 소중한 투자 자산의 관리 전략을 수립할 수 있도록 도와준다.

기술적 분석 모르고 절대 주식투자 하지 마라

잭 슈웨거 지음 | 이은주 옮김 | 448쪽 | 21,000원

선물, 헤지펀드 전문가이자 《시장의 마법사들》을 비롯한 다수의 베스트셀러를 낸 잭 슈웨거가 실전과 경험을 통해 터득한 기술적 분석의 개념과 기법을 공개한다. 이 책은 추세, 박스권, 차트 패턴, 손절매, 진입, 포지션 청산, 피라미딩 접근법과 같은 기술적 분석의 개념과 이론을 알기 쉽게 설명하고 있다.

차트 패턴

토마스 N. 불코우스키 지음 | 조윤정 옮김 | 419쪽 | 24,000원

세계 최고의 차티스트인 토마스 불코우스키는 25년 동안 주식을 매매하며 게으른 사람은 흉내도 못 낼 성실함과 믿기지 않을 정도의 분석력으로 3만 8,500개 이상의 차트를 조사 및 연구하여 놀라운 수익을 거두었다. 《차트 패턴》에서 그 패턴을 시뮬레이션하여 엄밀한 과학적 수치로 결과를 제시한다.

실전 차트 패턴 63

초판 1쇄 발행 2022년 8월 16일
3쇄 발행 2023년 9월 30일

지은이 윌리엄 자일러
옮긴이 김태훈

펴낸곳 ㈜이레미디어
전화 031-908-8516(편집부), 031-919-8511(주문 및 관리)
팩스 0303-0515-8907
주소 경기도 파주시 문예로 21, 2층
홈페이지 www.iremedia.co.kr | **이메일** mango@mangou.co.kr
등록 제396-2004-35호

편집 정은아, 이병철 | **디자인** 유어텍스트 | **마케팅** 김하경
재무총괄 이종미 | **경영지원** 김지선

ISBN 979-11-91328-59-2 (03320)